文
景

———

Horizon

前期与后期

困境中的生命意识

立斋文存

刘 东 —— 著

上海人民出版社

目 录

一、思想史研究的独特角度

当我做出了这个决定，要把原本当作一篇导言来构思与讲授的《前期与后期》，单独地辟成另外一本小书时，几位弟子居然都不约而同地，由此想到了梁启超当年的故事。

其实，如果从自己原先的写作初衷来说，并不是在刻意模仿本院早期的哪位导师。我毕竟只是在替自己的著作撰写导言，而不是在受托来为别人的著作——具体在当年的梁启超那里，是为蒋百里的那本《欧洲文艺复兴时代史》——撰写序言。这也就意味着，在这篇导言跟它打算导引的正文之间，原本有着更加紧密而内在的关联，并不至于去一味地"顾左右而言他"。

所以，直到我从篇幅和体例方面都发现了困难，担心有的读者还没读到正文就感觉累了，还真没有料到会是这个结果。所谓"精神生产"，往往就是这个样子，有时会显得"神出鬼没"。——不过细想之下，又是唯其如此，才显出了它那"九牛拉不回"的力量，反要牵着作者去跟从它。

当然，从更积极和更开放的角度，做出这样的选择也是因为，自己借着"前期与后期"这个视角，从古到今、由远及近、自外向内地，发现了越来越多的、可供发挥的话题，也就越发恣意自如地铺开来抒写了。——于是便可以说，我是借着"前期与后期"这个话题，饱览了太多的人生景致，而不由自主地浮想联翩，乃至竟越写越长，一发地无法收拢了。

　　也正因为这样，我后来在本书的副标题中，才索性给进一步地挑明了，看来"前期与后期"这个视角，也可被凸显为思想史研究的独特角度。——我们循着这种角度，既可以见出在"生命周期"中纷至的困扰、固有的节奏和独到的彻悟，也可以领略分属于不同人生阶段的特定心气、风格和语调。由此，有些以前往往百思不解却又常常强作解人的事情，也就在这种视角下变得不在话下、迎刃而解了。

　　当然，从另一个方面说，这也属于我对于自家生命的体悟，——甚至，说得更透彻直白一些，这正是自己在步入了生命的转折点之后，并且在经历了惊心动魄的困惑、失望和颓唐之余，乃至于，在不得不又先把自己从思想上"置之死地"之后，才基于已经是"退无可退"的人生底线，而不得不得出的大彻大悟和不得不进行的自勉自励。

　　说白了，我是既不信有什么"天地之心"，也不信有什么"天地不仁"的！——如果仍是那样的一厢情愿、天真烂漫，还在盲目执信前一种不成熟的臆断，那么，又哪来的这许多解不开的人间苦难？反之亦然，如果缘此就心灰意冷、老气横秋起来，又坠入了后一种同样独断的猜疑，那么，这浩浩渺渺、莽莽苍苍的天地之间，又岂能生得出和容得下我们娇弱的生命？

可不管怎么说，至少照我本人看来，这世上总还有一种东西，是可以被自己坚守与执信的，那就是不管那个"天地"，是否对我们表现出了"仁爱"，甚至，就算那个浩浩渺渺、莽莽苍苍的"天地"，果然露出了它的"残忍"与"不仁"，我们作为置身其间的生命体，总还可以用"仁者爱人"的态度，来怜爱和呵护自家的生命。——这也是这班寿数有限的生灵，一旦被这么"置之死地"之后，总还可以获得的生命的"底线"。在我看来，孔子当年所以要讲"仁远乎哉，我欲仁斯仁至矣"，所以要讲"人能弘道，非道弘人"，也无非是在凸显与坚守这样的"底线"。

这样一来，也就无可回避地意味着，我们既然已经侥幸地"受之父母"，而获得了眼下享有的"身体发肤"，从而获得了这次弥足珍贵的生命历程，那么，自然也就应当竭尽全部的所能，来营卫与呵护自家的生命，——最起码的，在那个"大去之期"终于到来之前，在这个眼前的"当下"和那个遥想的"终点"之间，还是要尽可能仔细地倾听心底的脉动和尽可能充分地发挥生命的潜能。

可惜说到这里，又不得不引入另一种复杂性了，那是在孔子的时代无法逆料的。由于现代社会的切割式的"分工"，或者说，是因为它所带来的极端的"异化"，又把我们各自的"生命周期"，给改造和封闭得如此不同，仿佛这世上并没有"同一种人类"似的。——比如，如果那些四肢发达的运动员，或者天生丽质的演员，都是在青春勃发、身心欢快的当口，便已达到了他们事业的顶端，去享受各种各样的喝彩或起哄，那么，这些绝没有什么"青春饭"可吃，只是在苦等"大器晚成"的学人，却只能拖着日渐老去的身体，忍受着种种苦痛、疲惫甚至伤残，而继续向那个尚不可企及，甚至尚不可窥知的上方，拼尽了最后的气力去尝试着攀缘。

这种现代生活的残酷性，也就无可奈何地意味着，对于"命定"要来治学的人们，除了在求学阶段的那些练笔，他们真正堪称"成熟"的成果，往往就只能指望到"生命后期"的"病夫治学"了。——说得更直白些，这些学人必须拖到了比及"退休"的年龄，对抗着精、气、神的明显衰减，控制着慢性疾病的逐步侵蚀，抵制着身体上终将到来的无序化，而以意志上的刻苦、坚忍与煎熬，来守望那次等待了大半生的，却仍然不知道有没有的"后期写作"。

的确，这正是他们等待了大半辈子的，因为那才是他们生命的意义所在，才是他们生平中的真正"转机"！事实上，也只有在咬定这一点之后，那点儿"不幸中的侥幸"，才有可能转而对他们表现在，正因为业已"置之死地"或"先行到死"了，反倒激发出一种积极的生命状态。——想到这里，我们也就可以顺势领悟到，看来那些以学术为"天职"的人们，越是能把"后期写作"启动得及时，越是能把"后期写作"进行得自觉；此外，倘若他们又能"侥幸"获得相应的"天年"，越能把自己的"后期写作"向后推延，那么，他们也就越有时间来让自家的生命，相对充分而从容地迸发出来。

这就是自己到了这个"转折点"上，所得到的既悲壮又悲凉的"彻悟"！而回顾起来，又何以偏偏会在这次写作中，得到了这样的领悟和惊觉，当然也跟此番的具体论述对象有关，毕竟早期国学院的那几位导师，也都曾严峻地面对过这样的问题，甚至也都未曾很好地解决这样的问题。——说来见笑，我经常是不知不觉和不由自主地，就把亲身经验给太积极地调动起来，投射到对于其他生命的阅读中，由此一来，我也就经常在台灯底下读着读着，便把"书里书外"的种种不同际遇，都给懵懵懂懂地读成"同一种经验"了。

这样的交混阅读心境，如果非要动用解释学的术语，也可以勉强算作"视界融合"吧？更不消说，一旦自己就此再动起笔来，就更会发生类似的同情或"交感"了，以至于无论此番又要就谁下笔，到头来弟子们都有这样的反应：这读起来又很像老师

"您自己"呀……是啊是啊！不过话又要说回来了，又有哪位学者写起作来——只要他还算是有血有肉的——不会碰到诸如此类的问题呢？

那么，还不如索性从学理上挑明了：只要还没挨到人生的"那个阶段"，或者说，只要还没划出类似的人生轨迹，那么，不管一位研究者多么下功夫，搜罗了多少字面上的材料，也很难把握住他的写作对象，尤其是人家未曾讲明的内在动机。——所以，要是有谁哪天回过头来，发现居然是唯有你自己，才差可算是洞悉了那位对象，也不要觉得有什么难为情，因为这也很可能正好意味着，唯有熬到了"那个份上"的你，才凭借着你自己独享的主体性，敞开了那个对象的内在世界，或者至少是，洞穿了他以往不为人所知的哪个幽深的侧面……

正是在诸如此类的浮想中，前两年教过的那个近代思想史课程，却被我不得不地剖分成了《前期与后期》《进化与革命》《激进与保守》《跨越与回归》四个部分。——而凡是听过那门课程的同学，都应当能回想起前边的三个题目，均曾被我在课堂上讲成过《跨越与回归》的导言。

只不过，依照我眼下已经想定的计划，只会先交出《前期与后期》的书稿，以及紧随其后的《跨越与回归》一书，以便大致交代出这方面的思绪。——至于另外的两个题目，当然也会择机再铺陈成另两本书，以免让它们落得个"胎死腹中"；只不过，依照眼下日益严峻的情况，即便由着性子全都写了出来，也只有再耐着性子压在抽屉里，先留给马克思所讲的老鼠去批判了。

话虽如此，正因为它们是在一起构思的，所以这里还是要预做一点提醒，无论这些书中的哪一本，总还会多多少少地，再牵连到另外的那几本。比如，在阅读这本《前期与后期》的同时，最好也能打开打算一并交稿的《跨越与回归》，——毕竟正是那中间论述的特定案例，才促动笔者想起了"导言"中的诸多话题，尽管眼下这些个话题，已被我相对地独立出来了。

如果进入更深的层面，而就笔者本人的写作心境来讲，那么，想到让这个话题去单独成篇了，也就不言而喻地意味着，自己是在埋头写作的过程中，对照着那几位特定的研究对象，而大吃一惊、如梦方醒地省悟到，原来我本人也已进入"后期写作"了！说起来，有点像是法国文学中的"纹心结构"，在"论述者"及其"论述对象"之间，构成了心智上的反馈或回环？——且不管是也不是，反正这下就让自己残留下来的生命，越发地显得分量沉重，乃至有点不堪其重了，因为正是在这样的领悟中，竟然映衬得自己的学术生涯，像是在接着前几位导师"往下活"……

然而，又得把话说回来。虽说真的只剩下这点"余生"了，我仍然负隅顽抗般地，不愿老是"为赋新词强说愁"，那会在无形中毁了意志和生趣。事实上，某次在回答记者的提问时，正是在念到这句辛词之后，我又转而发出了这样的自述："就个人的生命状态而言，这对我是较为顺畅丰足的一个时期。无论你在书房，在课堂，在书店，都能看到我尽情燃烧的迹象。而生命潜能的极限发挥，也确实给了我抵抗流年的心理依据。"[1] 这种心态，也正是我另一个标题的来源，即所谓《咏叹之年》。而且，就算那之后又过去了十年，到了再写下这些文字的当口，也还并非全无这样的可能，使得前述的那种"不幸中的侥幸"，对我本人仍以"工作年限"的形式转化出来。

虽则说，对于身体是越来越要当心了，对于精力也是越来越要节省了，对于"可有可无"的邀请也更倾向于"说不"，可至少在内在的精神唯独里，我自认为尚未露出太多的"老态"。——非但如此，如果只看求知的饥渴程度阅读的紧迫程度、思想的活跃程度、立论的大胆程度和创造的享受程度，那么自己眼下的生命状态，反而使弟子们往往感到吃惊，不知道我的心态何以如此"年轻"，从哪里来的这种兴奋劲，哪里来的这种专注度？

正因为这样，就算到了眼下的节骨眼上，而且，我也开始用"后期写作"的心态，来倒逼"时不我待"的紧迫感和"我行我

1　刘东："人生不过是将错就错"，《道术与天下》，北京：北京大学出版社，2011年，第 422 页。

素"的自由度，以便加紧和改进今后的写作了，可毕竟说起来，这至少还不意味着当即的"结清"，——也就是说，至少在我的生命现阶段，这一盘"棋局"还没有被催着去"数子"，还有不少当年下的"大模样"，其学术潜力尚未得到充分发挥，由此也便让自己的学术生涯，迄今仍保留着相应的开放性。

又不得不承认，这样的一种生命状态，也让自己又陷入了某种尴尬。因为正是在如此的活跃中，反使自己无论正写什么书，都会在那阅读与写作的过程中，又萌生出"再写几本书"的愿望；而且，那后几种尚在构想中的书，正因为还在紧张而激越的构想中，就显得更新鲜、更要紧，也是更有学术难度，从而更像是"最终要做的事"。——我当然也知道，正是因为这样的缘故，自己的那些仍属于方生方成的腹稿，就总是让弟子们等得心焦，弄得他们虽然嘴上没讲，在心里也难免有几分失望……

那该怎么办呢？看起来，自己总也完不成"写作计划"了，总也不可能像别人，既自信已然是"功成名就"，又在享受这种"功成名就"了。这也就使我本人的生命历程，很可能最终"盘点"起来，会像一部残缺不全的、舒伯特意义的《未完成交响曲》。——更不消说，不管自己怎么样去抓紧，可正如我刚用前一本书论证过的，在我们人生的"天边"上，还隐约飘着"一块乌云"呢，它——

代表着历史的不确定性，代表着人生的偶然与无常，代表着天命的不可知与不仁，代表着世事的白云苍狗，代表着世界的神秘莫测，代表着美景的稍纵即逝，代表着韶华的白驹过隙，代表着任何习惯都不能成为自然，代表着"病来如山倒"的随时降临，也代表着大去去期的绝对预约……[1]

也正因为如此，其实我早在写作那本书时，就已铁下心来告诫过自己：不管你怎样专注地阅读与运思，不管你怎样努力地锻炼和保养，也不管你多想避免在学业上"半途而废"——就像眼下在同侪那里惯见的那样——你自己的那个总想往下延长的"后期写作"，终不可能没完没了地拖延下去！事实上，"我多次跟好友陈来兄念叨，活到今天这个份上，竟然无时无刻不觉得，身体就像站久了的雪人，虽然看起来轮廓依旧，甚至身形还很结实硬朗，可就是不觉间这边淌几滴水，那边又穿个小洞，真不知支撑到什么时候，就会轰然化作一汪清水了！"[2]——所以说，活到了人生的这个阶段，就算你自己还在那里"发愤忘食"，而"乐以

---

1 刘东:《天边有一块乌云:儒学与存在主义》，南京:江苏人民出版社，2018年，第82页。

2 刘东:"代后记:长达三十年的学术助跑"，《思想的浮冰》，上海:上海人民出版社，2014年，第347页。

忘忧"而"不知肉味",而浑然"不知老之将至",也总会又传来同龄人的讣告,让你不禁在心头凛然一惊。所以,我从那时起就做好了这样的准备:说不定还是会像自己笔下的梁启超那样,壮志未酬地面对着那个"未竟的晚期"。

这也就是为什么,我总是念念不忘"悲剧"的研究,就连在兴高采烈地观看足球时,都会突然又想起了"悲剧"的主题——

　　尽管足球并没有正面地叙说任何具体的故事,却活生生地象征着人生最残忍的一面。只要稍微放纵一下联想的思绪,我们就会想到,在足球场上奔跑的正是我们自己。在到处充满偶然性陷阱的有限时间内,人生的结局未必会比足球的结局更公正。那些付出努力去耕耘的人就一定会有收获吗?那些被人们普遍看好的人就一定能心想事成吗?那些具备了最大可能性的人就一定有指望笑到最后吗?只怕除了倾听冥冥运数的最终回答之外,谁也不敢在这类问题上说大话。在这里,概率论的统计数字并不能缓解我们的焦虑,因为生命对任何人来说都只有一次;正像每一场球赛的结局都是特殊的一样,每一个人的遭遇也都是具体的和不可置换的。因此,对于种种偶然性的担忧会伴随我们始终,而一旦这种悬念被最终化解，也就轮到我们下场去休息了。[1]

而身为学者的我们，所踏上的这块竞争的"足球场"，也同样充满了这样的"残忍"，——我在悼念好友魏斐德时，蘸着血泪写下了就此的体会：

> 可惜 Fred 这一去，把许许多多的交往之乐都给带走了！而恰值此时，又有学生把列文森的遗著《革命与世界主义》译了出来，寄到我这里投稿，益发使人黯然神伤。偏就那么巧，在列文森这部死后整理出版的遗稿之前，正好印着 Fred 当年为自己老师所写的序文，这不能不使我联想到，现在又轮到 Fred 的弟子们，来整理他本人的未竟遗作了！绵绵无尽的学术事业，竟这么残酷这么森严，这么一言不发着，可那中间流淌的，却都是古往今来的英雄血呀！[2]

当然，就算人生总有这样的归宿，终会来到"泰山其颓"的那一天，以自己眼下的心情来说，我觉得还是可以去面对，哪怕

---

1 刘东："看球的门道"，《咏叹之年》，南京：江苏人民出版社，2018 年，第 11—12 页。
2 刘东："未尽的文字缘"，《道术与天下》，北京：北京大学出版社，2011 年，第 310 页。

是有点咬着牙面对。无论如何，我既不会像为了"知也无涯"而变得"倦殆"，乃至主张"此亦一是非，彼亦一是非"的庄子；也会不像为了"知识悲剧"而变得绝望，以致连命都赌给了魔鬼的老浮士德。毋宁说，自己能给出的理由是刚好相反：要是普天之下的学问与道理，竟能在哪个具体的时间点上，就被哪个人给一次性地完成了——不管哪个人是不是我——那么，等我们欢庆过了这一天以后，还能再拿什么来"过瘾"呢，还能再用什么劲头来"过活"呢？

　　无论如何，也只有等活到了"这个份上"，方知道中国那句"谋事在人，成事在天"的成语，其中所讲的"天"不是在指别的，正是在指一个人能享有多少"天年"呀！

二、人文学者的前期与后期

前边的小引写毕，便来书归正传。

说白了，选择"前期与后期"这样的题目，虽说主要目的并非想要"夫子自道"，却也很想顺便回顾和清点一下自己的治学生涯。毕竟，自打从北大调来隔壁的清华之后，总要跟那几位已被奉为"神明"的前任导师打交道，每天必须先路过墙上那几双紧盯的眼神，才能来到自己位于走廊尽头的办公室；而且，我还曾心头凛然一动地发现，那中间领衔的梁启超先生和王国维先生，又都是在自己初来时正好处在的那个年龄段，才开始了他们在清华园里的教书生涯，却又都是刚刚才为时不久便已抱恨而终了，——换句话说，这两位前辈的学术生涯虽都堪称辉煌，却又都只是在这同一座建筑里，短暂而抱憾地焕发了他们"最后的辉煌"……每当念及这些触动人心的问题，就不免充满了生命的危机感，在脑际里萦绕着终将到来的时限。

只不过，一旦再放开了接着往下想，又发现这远不是哪个

"个人"的问题。甚至于，随着相关思路的层层打开，我更是意外乃至惊喜地发现了，一旦从"前期与后期"这个口子钻进去，就不啻开启了研究思想史的独特角度，得以沿路看到各种色彩斑斓的文化风景，迎刃解开很多带有普遍性的难题。毕竟，天底下的大学问，都是拿大学者的生命换来的，所以，他们生平中遭遇的种种难题，包括生命的迫促与限度问题，也终要体现为种种治学上的难题。——当然了，说句不无伤感乃至沮丧的话，自己眼下所以能领悟到这一点，也不过是因为已到了相应的岁数，不得不顺着类似的角度，去体验"生命后期"的写作心境了。

无论如何，正如从施莱尔马赫到狄尔泰都曾提出的，为了能同情地理解某个文本的意义，就必须深入到文本作者的内心中去，以便真正把握那个特定语境中的特定主体。——而这种"将心比心"的或"以意逆志"的体验视角，也早被本院教授陈寅恪以下述说法表达了出来："所谓真了解者，必神游冥想，与立说之古人，处于同一境界，而对于其持论所以不得不如是之苦心孤诣，表一种之同情，始能批评其学说之是非得失，而无隔阂肤廓之论。"[1] 由此就可以想到，对于任何活得足够长久的学者，只要

1　陈寅恪："冯友兰中国哲学史上册审查报告"，《金明馆丛稿二编》，北京：生活·读书·新知三联书店，2015年，第279页。

能沿着他特定的生命轨迹，找到划定其"前期与后期"的那个分界点，便有可能更加"知人论世"地理解他。

乍看起来，这样的人生分界相当"自然"：除非一个人未曾把人生走完，像颜回或王弼那样过早谢世，否则总要跨过"前期与后期"之间的分界。不过细思之下，这样的人生分界又并非纯属"自然"，毋宁说，它在另一方面又有着"社会"的或"文化"的性质。这是因为，在各种具体的文明规则之下，我们看似只属于"自然"规律的生命，又要出现节奏并不相同的周期，而它们由此一来，也便显出千差万别的"前期与后期"了。——前边已经提到，到了这个几乎样样"反常"的现代社会，其最为戏剧化的反差或反讽则是，正因为现代化进程所带来的、日渐细密而狭窄的社会分工，人们的生命周期已经越来越分岔，有时候也是越来越局促可笑了。比如，一位还不到"而立之年"的运动员，就已有可能处处都显得力不从心，成为要被媒体追问"尚能饭否"的老将了；又比如，一位芳名刚刚才远播不久的影星，便已可能被猎艳的观众目为"美人迟暮"，只能赶早不赶晚地"嫁作商人妇"了。

然而反过来，又可以从中找到心理的安慰：尽管由此而痛感到了"大限"的迫近，却又正是在如此分化的"生命周期"中，反倒让我这个原是"将错就错"地以学术为业的学者，[1] 头一次从"命运"那里感到了最终的"公平"。这是因为，相对于其他难免要"早衰"的职业而言——甚至即使跟同在一所校园里的理工科同事相比——在一位已经"年过半百"的人文学者那里，却是在经历了长期的沉潜、孤寂与苦读之后，其生命的辉煌才刚有可能进入起步的阶段：

> 美国就此进行过相关调查。如果把一个学术生涯的顶端，从评到了 full professor 算起，那么我们把文、理两科对比起来，理科后生的晋升速度要快得多，那原本就是一种速成的学问，把几块知识的"压缩饼干"一吃，就比老师的学问差不了多少了，而精力和灵感又更加充沛，所以到了 30 多岁以后，就很容易搞出大成果来。而相形之下，文科的成才速度则要慢得多，从业者

---

1 我曾经把自己的人生描绘为"将错就错"："相形之下，我从未像萨特那样幸运过，就连此生以思想为业，也并非出于儿时的主动选择，更不是出于当个'万人敌'的壮志，而不过是将错就错罢了。然而即使这样，我却看不像萨特那般悲观的理由。也许，就人类的命运而言，不管是个体的道路，还是群体的道路，乃至总体的道路，终不过就是将错就错而已。世上本无那么多正确，你只能在压歪了的车辙上，深一脚浅一脚地前行。然而，恰是在将错就错的时候，我们在人生和文明的轨迹中，却渗入了自己顽强的心力，渗入了修正错误的努力。在这个意义上，将错就错这种行为本身，就意味着找寻着正确与光明。"（刘东："人生不过是将错就错"，《道术与天下》，北京：北京大学出版社，2011 年，第 422 页）

往往要到四五十岁以后，才能评上"吃香喝辣"的正教授。那么，这不证明学文科太吃亏了么？文科这行当不就没人愿意学了么？——然而且慢，同样是根据这个调查，一旦熬到了55—60岁的年龄，凡是成名出道的文科教授，就都会把此前的损失给夺回来，而理工科教授到了50岁以后，大概除了资历和权势之外，已经什么都不比弟子们强了。[1]

当然了，如果只是就个人的兴奋点而言，那么至少对我本人的心志而言，无论是作为"身外之物"的金钱，还是作为"拖累之物"的名望，虽说也未必会全然不为所动，却总是引不起什么持久的兴趣，差不多睡过一觉也就忘到脑后了，很难再刺激出作为奖励的多巴胺了。——不过即便如此，还是可以这么来宽解一下自己：对于一位自信终将会"学有所成"，且又只能是"大器晚成"的人文学者来说，毕竟只是到了他人生旅程的那个后期，其生命状态才显得更加丰足与精彩，才会既值得同时代人去驻足围观，也值得后来人去追慕称赏。甚至，就连一位大学者的容貌、神情与气度，至此都能显现或透露出深厚的学养，正如人们寻常喜欢讲的那样——"四十岁之前的相貌是爹妈给的；而四十

1　刘东："答共识网记者问"。

岁之后的容颜则是自己造的。"

　　早年的陈寅恪，虽已身为四大导师之一，但从面貌上看，仍不过一平平清俊书生而已。而晚年的陈寅恪，那一脸的矜重、孤愤、刚正、沉郁、执着……直叫你觉得那不仅是他一生阅历的缩影，而且简直就是中夏文明整个命运的写照！我曾多次动心要请哪位画家用炭笔把陈先生晚年的这幅神态临下来，好恭恭敬敬地端挂在书房正中，让他时常紧盯住我，却又怕没有哪支画笔能有此素养而不失大师的风采，只好作罢。由是我又时常抱憾地联想，可惜照相术未能早点儿发明，否则，让我们亲瞻一下孔夫子、陶渊明、苏东坡、王阳明等人的风神，我们保管会发觉——其实根本用不着雕塑家操心，也用不着开采什么大理石，因为人类最有魅力的雕像作品，正是由斯文所化育的厚德载物的人自身！[1]

不过，反过来却又应有所警觉，毕竟任何硬币都有其背面。在这种社会性的周期分化中，对于一位业已"功成身退"的运动员来说，既已到了自己人生的后期阶段，便已属于无关紧要的

---

[1]　刘东："真想读点马一浮"，《浮世绘》，沈阳：辽宁教育出版社，1996年，第103—105页。

时间段了，因为此时终归只剩下要么炫耀、要么回忆、要么追悔了。比如说，不管他是否在世界杯的决赛中射失过点球，那反正都已成为"驷马难追"身后历史了。可是，对于一位尚没有走入辉煌、却可能行将步入辉煌的人文学者来说，一旦到了自己人生的"后期阶段"，他反而会步入最是吃紧的、最为闪烁不定的一段路途，而且，这往往偏偏又是因为，那"大功告成"似乎已触手可及，让自己麻痹松懈、志得意满了。——这一点，也正如我在另一篇文章中所写的：

> 如果我们把人生比作歌剧，那么自己眼下正在经历的这个盛年，也就正好比人生的咏叹之年。一方面，这无疑是最清楚地意识到生命限制的年岁：此时已不再有从头补课的机会，你以往曾经学会了什么，现在就只能去做什么，从而将来也就只能成就什么。但另一方面，这却又是一个最接近于超越自我极限的年岁：与当下正面临的突破相比，以往的作品有可能太过稚嫩，以后的脑力又有可能有所衰减，全都算不得数，因而只有此时此刻的手笔，最接近于成就一生的功业。[1]

1　刘东："这一年：我的咏叹之年"，《道术与天下》，北京：北京大学出版社，2011年，第 iv 页。

也正因为这样，就又难免引起低回的喟叹。无论如何，恰由于具有社会性的生命周期，把也许能够"大功告成"的时限，给我们拖得如此迟缓和靠后，命运对同属于"血肉之躯"的人文学者来说，又格外地增添了另一层的残酷。它并不会因为你学得了一肚子学问，就额外给你哪怕只多一天的寿数。恰恰相反，正因为你是凭靠半生的苦读与苦思，才获得了那一肚子的学问和满脑子的智慧，所以长期的伏案用功和夜不成寐，反而会使你从视网膜、到脊椎、到腰椎、到坐骨神经，再到帮助睡眠的脑垂体，都比别人更易于磨损、疼痛与衰老。比如众所周知，前面提到的本院导师陈寅恪，也正是因为在前半生过于用功，总是借着微弱的灯光彻夜贪读，到了后半生才成了他自叹的"枯眼人"。由此在这个意义上，又必须时时去自我提醒，"生命晚期"对于一位文科学者来说，就算他还能保住相应的可能性，也远不是一个瓜熟蒂落、功成名就、志得意满的时期，而恰恰是充满了病痛、危机与不确定性的，必须随时准备去应对各种偶然性的挑战，——并且那中间的任何一种挑战，都有可能径直带来彻底的毁灭。

当然，又须当时时谨记的是，恰也是因为这个缘故，一位文科学者的生命后期，也就更值得保重、珍惜和自爱。这不单是因为你自己好不容易，才凭着苦读而获得了那一肚子学问，进而才发展出了独属于自己的才、学、识，还更因为你身上所负载的那些文化信息，一旦进到了自己生命的"晚期"阶段，就已不再只属于你本人的血肉之躯了，还更属于你所代表的那个文明共同体，属于它须臾都不可稍离的传统与价值。——回想起来，当孔子在"匡"这个地方遭遇到困厄的时候，他一门心思念兹在兹而不敢稍忘的，不正是这种以一身来肩负天下的、让自己由此而深感"吃重"的使命感吗："文王既没，文不在兹乎？天之将丧斯文也，后死者不得与于斯文也；天之未丧斯文也，匡人其如予何？"[1]

---

1 "论语·子罕第九"，《十三经古注》第九册，北京：中华书局，2014年，第1985页。

　　　　　　　　　　　　　　　前期与后期

三、儒家生命周期的精义

　　任何一个具体的生命历程，无论你想在这条路上做成什么，或者即使你根本不想在这条路上完成什么，总是要一步步地向前走完的。不待言，正因为对于这种"大限"的自觉，希腊人才又想象出了所谓"不死者"，——然而可叹的是，跟那些作为"神明"的"不死者"相比，我们这些肉体凡胎的"人类"，又只能属于短暂而有限的"有死者"，即使你在那个"大限"到来之前，曾有过阿喀琉斯那样的神力和体魄。

　　当然，话也可以说回来。正如前文中讲过了的，无论在那路途中有过多少不公，至少是到了生命的那个终点，这个"百年俱是可怜人"（苏轼语）的下场，对于天下人都还是同等"公平"的。由此也就意味着，对于绝对不可被别人替代的、却又注定有其自身限度的个体生命来说，哪怕他曾经高度地显出了扩张的动能，哪怕他曾有权去下令寻找长生的仙药，可在那个终是"逝者如斯"的时间进程中，还是挡不住那个生命中的"后期""晚期"

乃至"末期"，会"不以人的意志为转移"地步步紧逼过来。

一旦再连那个"末期"都迈了过去，那么，哪怕此人曾被"山呼万岁"地奉承过，哪怕他曾经自信过"人生两百年"，那些鼓噪也终究只能静寂下来了。也就是说，一旦就连"后期轨迹"也被自己划定了，那么，由宝贵的"父精母血"所带给这个人的、其整个生命旅程中的全部可能性，也就被他给彻底地"消费"完了；而自此之后，他便只能静静地躺在盖定的棺木中，任凭后人去研究或阐释自己生命的印迹了。——当然了，也可以接着说句宽心的话：这种终结又属于某种"新的开始"了。

要紧的是，正是此后又打开的那些传记，更让我们历历在目地看出，任何一次哪怕再独特的生命历程，都必然介乎"连续性"与"断裂性"之间。一方面，不管一个人在他的生前，曾经多么独出心裁和我行我素，似乎每天都在朝着未知处探险，就像那位总要去征服外部世界的亚历山大大帝，或者像那位胆敢向烟波浩渺处行船的哥伦布，然而事后再清点起来，由若干事件所组成的其生命过程，仍不会只表现为若干孤零零的事件，——恰恰相反，它的轨迹必是由若干事件的连接，以及这种连接所呈现出的起伏、曲率与运势，叠加在一起而共同排列组成的。

另一方面，伴随着生命的内在节拍或脉跳，它的韵律变化却总是要随之共振的。由此才让我们恍然大悟：原来在自己的人生之中，并不会始终都对准了同一个方向，更是根本就没有"矢志不移"那回事。所以恰好相反，在由时运和机缘所组成的狂潮中，生命的船头从来都必须随时调整，除非有哪条船根本就不怕搁浅，或者干脆早已搁浅在那里了。而进一步说，在各种人生旅程的"船头调整"中，又由于生命的动能又各自不同——其中既包括个性、禀赋、寿数、出身方面的不同，也包括职业、修为、际遇、选择方面的不同——那些用来连接各个瞬间或环节的线索，才显出了各不相同的轨迹或曲率。

再综合起来，从本书所主的"前期与后期"来看，人生可能偏转的两个极点无非是，要么表现为高度"连续性"的，要么表现为高度"断裂性"的。——比如，让我们信手举出两首杜诗来看。其中第一首是，"庾信文章老更成，凌云健笔意纵横。今人嗤点流传赋，不觉前贤畏后生。"[1] 其中第二首是，"……羯胡事主终无赖，词客哀时且未还。庾信平生最萧瑟，暮年诗赋动江关。"[2] 几乎不待细品，我们就能循此而想到，老杜当年所反复吟哦、且啧啧称赏的，正是一个最符合儒学教诲，也是最沿着"连续性"的人生规范，得以把自己的生命慢慢打开的、且终将是渐老渐成的落熟过程。

尤其需要留意的更在于，一个人总归有限的生命历程，又

1　杜甫："戏为六绝句"，《读杜心解》下册，北京：中华书局，1961年，第841页。
2　杜甫："咏怀古迹五首·其一"，《读杜心解》下册，北京：中华书局，1961年，第657页。

会因为他对这种历程的独特感悟程度，尤其是他对生命晚期的独特自我意识，而留下绝对会因人而异的特殊烙印，乃至绝对不会雷同的"晚期风格"。还记得，有位大学同学轮到整数的大寿了，而在如此敏感的时间点上，他还敢大张旗鼓地来请客庆寿，自然有些"化悲痛为力量"的意思在。我遂特地为他挑选了一件礼物，那是个只有读书年代才用得上的、质量却又要好得多的笔记本，以勾起对于青春韶华的回忆。而在那个笔记本的扉页上，我还专门写下了这样的赠言："须知年龄与阅历，正乃我辈之财富！"——毫无疑问，这样的赠言所收到的效果，自然是彼此抵掌大笑了，因为过来人都会一望便知，我这句话的言外之意，正是指一种"最儒家"的生命轨迹，也就是在逐步走过的人生旅程中，去渐次绽放开自己的生命，以展现并欣赏蕴藏其间的各种精彩。

可话又要说回来，真要是耗到了这样的生命时刻，你觉得主动也罢、被动也好，你要"化悲痛为力量"也好、"化腐朽为神奇"也罢，总是要对自己进行"盘点"或"数子"了。而且，果然把生命耗到了此时此刻，如果一个人曾经"少不更事"过，到了后期却又想"浪子回头"一把，那么，也是既可以说是"此其时也"了，也可以说是"过时不候"了。正因为这样，除了极个别的"天纵奇才"的人物——还必须限制在某些特定的专业——比如像王弼、王勃或莫扎特，一般读书人的"生命晚期"，都意味着一个正待"集大成"的时期。朝积极的方面说，那正是必须赶着去及时收获的季节，宛如四季中已然色调斑驳、却仍自枝叶茂密的秋天，正像唐代诗人刘禹锡在他的诗中所说：

> 经事还谙事，阅人如阅川。
> 细思皆幸矣，下此便翛然。
> 莫道桑榆晚，为霞尚满天。[1]

当然，如果只把行文停驻于此，也不过是些"人之常情"而已。所以，至此就要更深一层地指出，在所有这类的"人之常情"中，又唯有儒学的创始人孔子，才具备了足够的智慧、阅历与创意，从而得以对他本人的，乃至对我们每个人的生命周期，做出了像"十有五而志于学，三十而立，四十而不惑，五十而知天命，六十而耳顺，七十而从心所欲、不逾矩"[2]这样的总结。自此以后，又正因为这句"子曰"太过精彩，就几乎说服了所有的读书人，而这种"朝闻道，夕死可矣"的生命节奏，才在儒家社会中表现为"理想的类型"，让人们全都知道什么是"正常的周期"。——换句话说，恰是借助于孔子的这种总结，在传统中国

1　刘禹锡："酬乐天咏老见示"，《刘禹锡集》，南京：凤凰出版社，2014 年，第 231 页。
2　《论语·为政》，《十三经古注》第九册，北京：中华书局，2014 年，第 1957 页。

的正常氛围中，读书人便不约而同地找到了"生命的节奏"，像是隐隐地听到了调整步调的、带有内在韵律的口令，从而使他们各自的人生延展，无论从"连续性"还是从"断裂性"来看，都得到过相应的激励、导引与规范。

在前文中已经交代过了，这本小书原属于《跨越与回归》的导言。这意味着，到了它原拟导引的"正文"中，我会借着本院导师梁启超的生平，来继续详示儒家的经典生命周期，以体验儒家话语的强大"暗示性"，或者说是 J. 奥斯汀意义上的"述行性"；当然，从另外的意义上，我也是希望借着孔子的这种"生命周期"，来重新诠释原只属于梁启超自己的、很难为外人知晓的内心世界。——不过，既然我已把相关内容写出来了，那么为了免得多余地耗费精力，就不妨姑且从那里"预支"出两段来，以便更明晰而快捷地说明它，尤其是，还必须同时展现出它那一体之两面：

梁启超的生年是 1873 年，由此屈指算来，等到 1920 年从欧洲归来时，他从一方面来说，当然已享有"天下何人不识君"的盛誉，但从另一方面来说，却也已在年龄上比及五旬，即接近传统上"知天命"的时间了。而相较起来，在儒家文化的特定生命周期中，由于特别强调毕生"进学"的无止境，所谓"朝闻道，夕死可矣"，它足以让人心安理得的一面便在于，决不会暗示人们白白地去为"中年危机"而伤神。——朱子在疏讲《论语》"吾十有五而志于学章"时，之所以要说"'志学'字最有力，须是志念常在于学，方得。立，则是能立于道理也，然事至犹有时而惑在。不惑，则知事物当然之理矣。然此事此物当然之理，必有所从来。知天命，是知其所从来也"，（《朱子语类》第二册，卷二十三）便正是要"循乎圣人为学之序"，来把作为自然规律的各个人生阶段，以同一进学过程中的不同修身次第，即所谓"而立""不惑""知命"和"耳顺"等，给了无阻隔地一体贯通起来，让人们为生命的成熟而感到步步喜悦。

然而，这种终生鞭策进学的文化氛围，在带来其独特的悦乐快慰的同时，却也会带来其特有的危机感，那仍要来自孔子对"德之不修，学之不讲，闻义不能徙，不善不能改"（《论语·述而第七》）的深深忧虑。事实上，在任何一个年龄的整数关口，它都会不言自明地追问那个当事人：是否确然做到了"而立""不惑""知命"和"耳顺"等等？而由此一来，无论一个人在外在名声和事功方面，是否已能享有"天下何人不识君"的美誉，或者是否显得"大功告成"而"足慰平生"，他都不会被鼓励去安享这种"功成名就"。——比如，就文本的特定语境而言，孔子所说的"五十而知天命"这几个字，就会按时去警示一位年近半百的儒者，告诫他眼下实正处于最关键的人生阶段，也就是说，不管他此前曾在"内圣"与"外王"方面，做出过多少骄人的成绩和功德，如果他此刻不是继续发愤忘食，而是躺在以往的成绩单和功劳簿上，那么，他就终将不能继续攀上更高的生命层次，终将不能在人生的修持中有所大成，终将无法臻于"从心所欲不逾矩"的化境。——在这个意义上，我们当然也就可以理解，对于像梁启超那种儒家文化的"化内之人"来说，他心里当然会非常清楚：其实自己此生究竟是成是败，此刻还完全是在未定之天！[1]

再来放纵一下想象力，进行与此相关的文化比较吧。如果拿金庸《倚天屠龙记》中的武学泰斗张三丰，来对比杰克·伦敦《一块牛排》中的暮年拳王汤姆·金，我们就更容易对比鲜明地领悟到，在中西各自对"生命周期"的理解中，确实存在着南辕北辙的差别。金庸笔下的相关描画就不待多言了，想必一般读者都比我更熟悉。正因为潜能的蕴藏与开发，对于张三丰而言是贯

1　刘东："未竟的晚期:《欧游心影录》之后的梁启超"，《中国学术》第三十辑，北京:商务印书馆，2011年，第105—106页。

穿始终的，而生命境界的渐次打开，在这位老寿星那里也是"到死方休"的，所以，这位长者所日积月累的那一把年纪，并未对他构成攀越武学极境的障碍，倒只意味着炉火纯青和臻入化境。——只可惜，一旦换到了杰克·伦敦笔下的汤姆·金那里，那么，这种生命的正剧就只能转化为老迈的悲剧了：

在桑德尔站起来的那一瞬间，金就攻击他，但是他打出去的两拳都给对方招架的胳膊挡住了。接下来，桑德尔就跟他扭抱在一起，拼命抓住不放，这时裁判竭力想把他们俩拽开。金帮着把自己挣脱开来。他知道青年恢复体力的速度是很快的，他也知道，只要他阻止桑德尔恢复体力，桑德尔就输定了。只要结结实实地猛打一拳就行。桑德尔是输定了，无疑是输定了。他已经在战略战术上战胜了他，在实际战斗中战胜了他，在得分上超过了他。桑德尔跟跟跄跄地从扭抱中脱开身子，是否失败只在毫厘之间。只要打出一个好拳，就能把他打倒在地，再也爬不起来。汤姆·金在痛苦的一闪念之中，想起了那块牛排，多么希望他能有这么一块牛排来支撑他必须打的那必要的一击啊！他奋力打出了那一击，但是它不够重，也不够急。桑德尔摇晃了一下，可没有倒下，他跟跄着退回到绳子边，支撑住了自己。金蹒跚地跟过去，带着要肢解的痛苦，打出了另外一击。但是他的身体背叛了他。他留下的只是一种战斗的意识，由于精疲力竭，这种意识也变得朦朦胧胧，在云里雾中了。瞄准下巴打去的一击，结果却打在肩膀上。他想的是要打得高一点的，可是疲劳的肌肉已不听使唤了。而且，由于这一击的碰撞作用，他自己倒跟跟跄跄地退回来，差点跌倒。他又努力争取了一次。这一次，他那一击完全没有击中，而且由于极端虚弱，他倒下来，靠在桑德尔身上，扭抱着他，使自己免于倒在地上。

金没有尝试挣脱开身子，他已经竭尽全力，他完了。青年人总有办法。即使在扭抱中，他也能感觉到桑德尔体力上比他强大起来。当裁判将他们分开时，就在他眼前，他看到了青年人体力的恢复。桑德尔的体力一刻比一刻变得强壮起来。他打出来的拳，一开始还是软绵绵的，不起作用，却变得硬实、准确起来。汤姆·金的昏花眼睛看见那戴拳套的拳头冲着自己的下巴打来，他想举起胳膊来阻挡。但是他在危险面前已力不从心；他的胳膊太沉重了，上面就好像压了一百多磅重的铅一样，它已经举不起来了，他拼命想用他心灵的力量抬起它来，然后那戴拳套的拳头击中了要害，他只感到猛地一下，就像一个电火花。同时，黑色的纱幕笼罩了他。[1]

　　当然，如此极限而夸张的对比，只是由小说家凭想象虚构的。可即使如此，我们还是不妨跟着再发挥一下：如果说，人生原就有如此残酷的一面，而且设非如此，莎士比亚笔下的那出《李尔王》，就不会因为凸显出了"暮年悲剧"，而成为世界文坛的"千古绝唱"了；那么，被现代性催熟和割裂的人生，就格外显出了它的残忍和严酷，显出了对于青春蛮力的一味崇拜，显出了对于人生阅历的漠视和嘲讽，显出了对于失利者的鄙夷和唾弃。——久而久之，在当今社会的反常"游戏规则"中，这种已属司空见惯的"老年人坟墓"，竟被普遍看成了"命当如此"的和"天经地义"的，甚至，竟被暗中看作生命旅程的"应有归宿"；而相形之下，倒是儒家那种"朝闻夕死""死而后已"的追求，以及在那个过程中所焕发或发掘出来的专属于"晚期生命"的潜能或魅力，反在当今社会的荒唐话语中，变成了遥不可及的，甚至荒唐无稽的天方夜谭。

1　杰克·伦敦："一块牛排"，杨恒达译，《世界经典短篇小说》上卷，盛宁主编，冯季庆选编，北京：文化艺术出版社，2011年，第238—239页。

四、渐老渐熟的生命打开

　　不难想象，任何独特个体的生命历程，同步于他们相应的生理周期，都会属于"延续"与"断裂"的统一体。即使在中国文化的典型语境中，在一个人前、后两期的临界点上，也会自然而然地发生一些变化。——比如大家都知道，辛弃疾就曾写过一首相当流行的、借以抒发其"晚年心境"的小令：

　　　　少年不识愁滋味，爱上层楼。

　　　　爱上层楼，为赋新词强说愁。

　　　　而今识尽愁滋味，欲说还休。

　　　　欲说还休，却道天凉好个秋。[1]

1　辛弃疾："丑奴儿·书博山道中壁"，《辛弃疾词集》，上海：上海古籍出版社，2016年，第88页。

并由此而典型地表现出了"晚期心境"的问题。

不待言，这首词也复杂地揉进了抱负未酬的问题，政坛险恶的问题，枯淡格调的问题，和佛教影响的问题。而有意思的是，也正因为最后的这种因素，近来这种无欲无求、心如死灰的"佛性"，反而专属于某些号称"后现代"的青年人了，换句话说，他们年纪轻轻地就在体验"晚年心境"了。——不过，若是回到辛弃疾本人的语境中，我们却会发现他借此所表达的，其实是对"晚期心境"的微妙捕捉，和对"血气已衰"的慨然兴叹，要跟他的"年少万兜鍪，坐断东南战未休"，或者跟他的"壮岁旌旗拥万夫，锦襜突骑渡江初"来对读。

此外，说到这种"晚年心境"，我们还可举出辛词之后的另一首宋词，来体验对于不同人生阶段的体验与吟哦：

> 少年听雨歌楼上。红烛昏罗帐。
>
> 壮年听雨客舟中。江阔云低、断雁叫西风。
>
> 而今听雨僧庐下。鬓已星星也。
>
> 悲欢离合总无情。一任阶前、点滴到天明。[1]

如果就作品的一般风格而言，这种"晚期感悟"最有可能

1　蒋捷："虞美人·听雨"，《唐宋词举要》，北京：商务印书馆，2014年，第469页。

表现在——当然不包括那位似乎太过神经质的、终其一生都在冥想死亡的奥地利作曲家马勒——既由于生活阅历的日益增加，也由于"生命大限"的逐渐逼近，作者到了这时就自然会表现得，既要更加宽阔地拥抱整个世界，也要更加专注地抓住当下瞬间，既更趋于沉湎于自己的内心听觉，而较少顾忌别人的物议腹诽，也要更加我行我素地打破法则，而较少理会市面上的流行品位。——比如，曹孟德到了晚年的一首诗中，尽管照样表现出慷慨多气，并未消极颓唐地萎靡下去，却显然也已意识到了"生命大限"：

> 神龟虽寿，犹有竟时。腾蛇乘雾，终为土灰。
>
> 老骥伏枥，志在千里；烈士暮年，壮心不已。
>
> 盈缩之期，不但在天；养怡之福，可得永年。
>
> 幸甚至哉，歌以咏志。[1]

正是在这个意义上，尽管莫扎特那首充满悲剧意识的《安魂曲》，也常被人说成这位作曲家"后期作品"——他甚至都没有来得及完成它就英年早逝了。然而在我看来，一旦碰到了这类"天妒其才"的才子，既包括古代的贾谊、王勃、李贺，也包括

---

[1]　曹操："步出夏门行·龟虽寿"，《曹操集》，北京：中华书局，1959年，第11页。

现代的聂耳、张荫麟、刘天华，还包括国外的莫扎特、雪莱、济慈，我们大概还不能说，他们能算得上有过"后期生涯"，也说不上是体会过"后期心境"，盖因其生命毕竟是戛然而止的，未及从容地打开与完成。在这方面，胡适作过一首打油诗，虽说没有多少文采，却也可以演示此中的区别："偶有几茎白发，心情微近中年，做了过河卒子，只能拼命向前。"[1]——的确，童年、少年、青年、中年、老年，此中的心情和味道都大有不同。所以，一个人只有当真活到了"那个份上"，才能水到渠成地有所体悟，光靠去换位思考与臆测推断，肯定是挂一漏万和隔靴搔痒的。

再接着往下边发挥。——也还是在这个意义上，我才稍有保留地赞成诗人王家新的下述说法：

> ……说来也是，不知从何时起，当我买到一部作家、诗人的作品全集或选集后，我总是越过其早期作品或"成名作"而从后面开始读起。这是因为墓碑比其他任何事物更能照亮一个人的一生？是的。如果一位作家有了一个更为深刻或伟大的晚年，他才是可信赖的；而那些名噪一时到后来却江河日下的人，在我看来终归不

1　胡适："题在自己的照片上，送给陈光甫"，《中国新诗库·第3辑·胡适卷》，周良沛编选，武汉：长江文艺出版社，1991年，第41页。

过是文学中的过客。的确，在历史上能构成"经典"意义的诗人，总是那些愈写愈好的人，或其后期作品比早期更耐读甚或更"晦涩"的人——正是从这样的作家、诗人那里，我感到了一个对我来说至关重要的文学中的"晚年"。……的确，这样的晚年不是时间的尽头，相反，它才是一个迟来的开始。我们只有不断地回到这里，回到千百年来文学为我们创造的"晚年""洞穴"或"黑暗"里，我们一生的写作才能获得更为根本的保证。"黑暗就在那里"，身在其中与身在其外的写作不可能是一回事，而那种看似已经"出来"，实质上仍在"里面"的写作更是一种不易达到的境界。[1]

在所谓"大器"只能"晚成"的意义上，王家新的确讲得相当到位。不过，我所以又说自己"有点保留"，则是因为这位多日不见的老友，到现在都还满心只有西方的案例，而且即使只是就西方的语境而言，也主要地只是针对来自希腊的传统，顺手就引出了柏拉图的那种"洞喻"。看起来，即使眼下国学已如此大热，可他仍未想到《论语》中"七十而从心所欲，不逾矩"的自

1　王家新："文学中的晚年"，《取道斯德哥尔摩》，济南：山东文艺出版社，2007年，第16—20页。

述，仍未想到杜诗中"庾信文章老更成"的描摹，——而如果允许我接着发挥，则他更未曾想到"臻入化境"的吴昌硕，未曾想到"衰年变法"的齐白石……既然如此，我们也就很难只基于他的列举，便去相信全体人类都会普遍如此；而且，我们也更难人云亦云地相信，人人到了晚年都会重返黑暗的"洞穴"，那毕竟只属于西方特有的掌故或预设。

　　与王家新讨论问题的方式相似，又联想到了萨义德的《论晚期风格》，而且不出意料的是，这本论述别人晚期作品的"未竟之作"，也肯定是出自萨义德本人的"生命晚期"。再说一遍，研究"晚期写作"这样的题目，一般就是要轮到作者的"生命晚期"，如此才更倾向于留意这样的题目，也才更易于对别人产生"同情理解"。不过，值得在这里稍加辨别的是，这位曾以揭露"东方主义"而名世的作者，果真到了自己的"生命晚期"，至少是在他的这本书中，却只是沿着西方文化的逻辑，来对某些西方艺术家的"晚期风格"，进行了跨度相当不小的、恐怕很难避免"以偏概全"的发挥。唯其如此，他才不再把现代主义的艺术风格，只去归咎于西方的某个独特断代，而是推广为一种普遍的"衰年风格"。这难免会让我们恍然地醒悟到，不管萨义德的族群血统来自何处，其实他本人的文化与教育传统，恐怕主要地还是来自西方，而且是西方的学术重镇。——且来具体领教他的相关说法：

就乔伊斯和艾略特那样的艺术家而言，他们在某种程度上似乎已经完全脱离了自己的时代，返回到了激发他们灵感的古代神话、史诗那样的古代形式或者古代宗教仪式之上，因而文学上的现代主义本身，也可以被看成是一种晚期风格的现象。与其说现代主义最终悖论性地显得是一场新奇的运动，倒不如说是一场老化的和终结的运动，用哈代在《无名的裘德》中的话来说，是一种"伪装成年轻幼稚的时代"。因为那部小说中的裘德的儿子"时光小老爹"这个人物，看起来确实就像是一个现代主义的寓言，并且是现代主义对于加速衰落的感受和它对于回顾与综合的补偿性姿态的寓言。[1]

只要是具备了宽阔的比较视野，其实人们很容易一眼就看穿，跟萨义德的这种"以偏概全"相左，所谓"晚期风格"或"晚期取向"的不确定性，会使它在那"连续"与"断裂"的两极之间，已经而且还将出现多种的变态形式，远不是只用"现代主义"一语便能概括的。进一步说，在所有这些因时、因地、因人的变化中，又由于这个时期已属于生命的落熟期，注定会渗进

1　爱德华·萨义德：《论晚期风格：反本质的音乐与文学》，阎嘉译，北京：生活·读书·新知三联书店，2009年，第134页，着重为引者所加。

更丰富的经验内涵，所以，来自各个文明的不同价值暗示，就必会从中进行更深远的催化。也正因为这样，我们才会顺理成章地看到，在希腊精神与中国精神之间，在希腊精神与印度精神之间，也在中国精神与印度精神之间，竟全都存在着巨大的歧异或分野。——而在这些歧异或分野中，自然也包括到了一个人"生命晚期"，究竟该是钻进一个"黑暗"的"洞穴"，从而更相信对于整个生命的悲剧解释，还是以更宽大开敞的襟抱胸怀，去融入和探索那个虽已探索了一生、却仍觉得未能全都了解的大自然？比如，我们再举出一例来加强这种对比：

　　　　还可再来沉痛地体会一下，身为"近世儒学三宗"的马一浮，是如何在那个"文革"恶风乍起、神州一片涂炭的危急时刻，尽管也是自知已是不久于人世，却又能写出这样的诗句来自挽："乘化吾安适？虚空任所之。形神随聚散，视听总希夷。沤灭全归海，花开正满枝。临崖挥手罢，落日下崦嵫。"（马一浮：《拟告别诸亲友》）由此，他便以直面虚空与神灭的勇气，把对于生死的悲喜与焦虑，化作了一片旷达、安然与适意，从而既保有了从容与蕴藉，又保有了对于未知世界的好奇。这不啻把"未知生、焉知死"的儒学精神，化作了一种个人的尊严与抗争。而从这个意义上，他又无疑是在以最后的生命力，来为儒家所主张的"视死如归"增益了新的内容。[1]

当然，话又不可讲得绝对。尽管中国文化、印度文化与西方文化，乃至于各种其他类型的文化，都对人生的步调、节奏与韵律，进行了各不相同的设计与企划。可无论如何，一个相对积极、康健、从容的"生命晚期"，对于我们共同拥有的人生，总是有着相当关键的重要性，也总会释放出不可多得的创造性。这一点，仍可进入到文化传播的"大空间"中来，并上升为"放诸四海而皆准"的通则。——也正因为这样，我们终究还是要牢牢记住，如果歌德没有来得及在年过八旬之后，才善始善终地完成了不朽的《浮士德》，或者，如果孔子也只享有梁启超的年岁，没能完成他"删诗书、定礼乐"的工作，那么，我们现在所了解到的歌德和孔子，也就会大大地缩量或相当地逊色了，甚至，或许我们都不会知道在过往的岁月，还有过这等"毕生都在创造"的伟大人物了。

不过，也正是出于同样的理由，并不是所有的特殊文化设计，都足以进入那个普遍的"大空间"。比如，我在所有习俗中最不能认同的，就是今村昌平《楢山节考》中的那个故事——人们简直像处理垃圾那样，把到了晚景的生身父母背上了荒山，让

1　刘东:《天边有一块乌云：儒学与存在主义》，南京：江苏人民出版社，2018年，第 158 页。

他们倚在一群白骨中去等死！也许，看过这部电影的人会向我辩
解说，在以往长期贫困与匮乏的压力下，那位接近生命终点的阿
玲婆，已经获得了文化的惯习，可以平静地乃至主动地等待甚至
迎接这种"死法"了。可即使如此，此间的残酷还是让我想起了
蚂蚁，——也就是说，在这个"小空间"中的特定习俗，顶多也
只适于其他群居动物，而不适于具有个体尊严的人类：

> 当蚂蚁逐渐长大，它们会花更多时间在巢穴外侧
> 的蚁房或通道里活动，并且更倾向于担任危险的捕食任
> 务。它们也会首当其冲地迎击敌对的蚂蚁和其他入侵巢
> 穴入口附近领地的敌人。这里也体现出了人类和蚂蚁的
> 一大差异：人类将年轻男性送到战场，而蚂蚁则将年老
> 的妇女送到战场。这里没有什么值得学习的道德价值，
> 除非你想找一种更廉价的养老方式。
>
> 生病的蚂蚁和年迈的蚂蚁会移动到巢穴的边界或外
> 部。那里没有蚂蚁医生，它们离开蚁穴也不是为了寻找
> 蚂蚁诊所，只是想避免感染蚁群中的其他成员。[1]

1　爱德华·威尔逊:《人类存在的意义》，钱静、魏薇译，杭州：浙江人民出版社，
2018 年，第 96—97 页。

五、哲学家的前期与晚期

　　在前几节中，为了展现生命过渡的不同周期，已经提到了一些文艺家的名字。而如果再推展开来，更就人文研究的学术领域来看，那么文学、史学和哲学等领域中的学术生涯，其生命过渡的周期也是各不相同的。例如，在一般的情况下，史学家都是到了晚年才来"集大成"，以享受他平生所积累的史料、判断和威望，可相形之下，一旦哲学家的盛期创造力开始衰减——这显然是最正态分布的情况——就难免要忍受一个较为黯淡、平庸和拖沓的晚期，往往在心情上就只表现为固执、苦痛与追忆。由此看起来，恐怕也正因为这样——当然在当代中国还有不那么正常的原因——即使有些人已经步入了哲学系，还是宁可选择从事"哲学史"的专业，以便至少也能算半个历史学家、好去沾点儿历史经验的光，不必每天都被追问有没有"新的智慧"，甚至哪怕此生都无缘于此等"智慧"。

　　顺便来讲，也正是因了这一点，哲学家及其弟子的关系——

要是那弟子同样也具有哲学风范的话——跟史学家及其弟子的关系相比，也往往会变得更加复杂而纠结，甚至会在学术界传为长久的谈资，就连他们的研究工作本身都频受干扰。可历史家那边就正好相反，老师的影响和笼罩力越大，对于师门的弟子就越是有利，到后来就连他们跟老师的关系，乃至老师的谈吐风采、工作态度、生活习惯，都可以转化为独家掌握的独门史料。——不过，话又要说回来，更与本节的主旨直接相关的是，一旦在这种对比中出现了"例外"，具体说来，一旦在时光的哗哗流逝中，偏又有哪位哲学家的创造性，居然抵抗住了似水流年的磨洗，并没有出现那种常见的衰减或中断，那就必然要表现为某种"晚期的创造"，而且，鉴于他们在思想方面的独特性质，这种非同寻常的和引人注目的"晚期创造"，还有可能表现出石破天惊的"断裂性"。这才是我在这里想要着重展示与探讨的。

　　不管怎么说，对于注定要作为"有死者"来生存的，因而势必会蒙上某种悲剧色调的个人来说，如果真能"有幸"做到了这些，亦差可算作对于"命运"的，哪怕仅仅是部分的抵抗了。也就是说，既已不可能像"齐天大圣"那样"与天同寿"了，那么，即使一个人"有幸"享有了相对充分的人生，也充其量只能进入这种"朝闻道，夕死可矣"的境界。也正因为这样，从儒学之"有限理性主义"出发，这种"日就月将"的治学与悟道，就不再意味着日夜煎熬的苦修，反而会作为不可多得的价值内涵，来充填、丰富和支撑有限的人生，使它的每个瞬间都获得了出发的动能、创造的激情，和上升的意义。也唯其如此，才使得儒学话语的认真践行者，也从中获得了相对切实的论据或理由，来回答由阿尔贝·加缪提出的那个尖锐问题："真正严肃的哲学问题只有一个，那就是——自杀。判断生活是否值得经历，这本身就是在回答哲学的根本问题。"[1]

　　当然，又绝不会是随便哪个凡夫俗子，都足以奏出如此回肠荡气的终曲。如果说，人生的过程本来就不容易，有时就连谋生糊口都不容易，那么，再要借此而追求这个过程的真谛就更难，而若是更进一步，再要把生计与求真给连接起来，甚至并无间隙地相对融合起来，那就尤其要显得难上加难了。撇开庸庸碌碌、浑浑噩噩的俗人不说，即使是一位毕生都在追求的人，试想在他发奋攀越空前的高峰时，又怎么能获得这种事先的把握，敢在每次尝试前都留有余地呢？他又怎么能够获得这样的预见，敢在平时都像布勃卡那样当个"一厘米先生"，只有挨到了那"最后一跳"的当口，才真正重视起这"最后一搏"，从而首尾相顾地把自己整个的人生，都设计和安排成布局整饬的交响乐，只等到"最后一刻"再去拼尽自己的全力，调动起浑身上下的每个细胞，

1　加缪：《西西弗神话》，杜小真译，北京：生活·读书·新知三联书店，1987年，第 2 页。

就像调动起全场轰鸣的管弦乐队，把毕生气势都推向那不光别人不可企及，就连他本人也已不可再复制的顶点呢？

正是在这种特定的困境中，基于哲学思考的特殊性质，我们就不妨这么来推想，要是一位在哲思上很有天分的人，居然在自己生命的早期阶段，就太过性急地，也是不由自主地端出了整个体系，提出了对于整个宇宙与人生的、至少是可以自圆的总体性解释，那么，对于这副过早迸发出、却又未尽其才的头脑来说，此后就势必遭遇到下述的尴尬或两难了：除非再由他自己挺身而出，来自行解构掉这个已可自洽的体系；否则，相对于当日的那次超新星般的爆发，他就再也不能重复以往那种水平的创造了，或者说，他的头脑中再也不能分泌同等数量的多巴胺，来体验当年体验过的欣快与喜悦了。——而充其量，他也只能对以往的体系进行一些小修小补；甚至于，他就干脆只能去充任它的推销员，或者侦探外加警卫了。

这方面最突出，或者最糟糕的例子，就要数德国的哲学家叔本华了。简直难以置信，他居然早在二十多岁的年纪上，且还在黑格尔正如日中天的年代，就完成了自己毕生最主要的著作——《作为意志和表象的世界》。而接下来，受这个既很有洞见又很是粗糙的意志主义体系的驱动，他便自告奋勇到柏林大学去做编外讲师，还非要跟"哲学王"黑格尔在同时授课，就连授课地点也刻意选在了黑格尔隔壁，其结果当然是只能大受冷遇、铩羽而归了。在此之后，也许是因为太早离开了大学的校园，而缺乏更多问题、知识与智慧的刺激，他的头脑就显得太过早熟或过早地封闭了，以至于也只是如影随形般地跟着自己创造的那个体系走，去享受它在扩散后所渐起的名声。也正因为这样，这种意志主义哲学的真正潜力，就只能由他在这方面的后继者，即那位更负盛名却也更加疯狂与早熟的尼采，来沿着这种思路来尽兴发挥了，——不过即使因此，当然也是正因为如此，那又绝不会是他所乐见的发挥方向。

话又说回来了，就算他干脆就没有什么"后期创造"，或者说，就算他可以作为极端"连续性"的例证，这位恨不早死的叔本华，毕竟还不怎么伤害后人的脑细胞；或者说，他那本代表作读起来虽不怎么过瘾，却也没给后人的理解力造成多大麻烦。——然而，在钟摆的另一极，往往更让人心劳日拙却又不明所以的，当然也可说是更有钻研或论说"价值"的，则要数一些具有截然"断裂性"的例子了。比如，我们在阅读柏拉图的毕生著作时，就总要小心翼翼地留意这样的"断裂"。据说是因为，在其"前期对话"中的苏格拉底，更属于历史中存在过的、真实的苏格拉底，而在其"后期对话"中的苏格拉底，却更属于生活在戏剧里的、虚拟的苏格拉底，——当然在实际上，那也就是这些《对话录》的作者，即作为"剧作家"的柏拉图自己了。由此，联系到前文述及的哲学家的师生关系，那么也不妨说，居然只在柏拉图一个人的著作中，我们便遭遇到了前述那种在代际之间的，让人挠头的复杂关系。

虽则说，光是这样都已够麻烦的了，可如果事情只是到此为止，看上去总还属于基本正常。也就是说，我们总还可以宽容地想到，在柏拉图《对话录》中所凸显的"连续还是断裂"问题，由于文体的特殊、语境的隐退、篇目的散落、语言的多义等因素，大概仍属于在无意间造成的，而且从作者的立场来看应属于一件憾事。也正因为这样，尽管由此又会生出"怀疑论的诠释"（skeptical interpretation），认为就连柏拉图本人都并无确定的主张，不过如果循着人之常情，我个人还是更愿意接受另一种"教义性的阐释"（dogmatic interpretation），从而充其量认为其行文之所以不无脱节或矛盾，要么是因为发言的主角在半途中换了人，要么是因为作者的立场发生了时间中的演进。——而这正是在一般哲学史著作中所展现的，沿着生命顺序自然发展出的柏拉图的"早期""中期"与"晚期"。

不过，事情再发展到海德格尔那里，那么在他的"前期"与"后期"之间，究竟有没有发生过"断裂"，乃至于，究竟多大程度发生了这种"断裂"，就显得不那么正常，甚至不无"人为作伪"之嫌了。尽管历来对这位哲学家的解释，也有着同上一个案例类似的争议——那几乎是天下注经者的基本家法——要么认为其"前后期"有着连续性的主题，要么认为其"前后期"发生了根本的裂变，要么则在这两说之间采取折中路线，即认为尽管在其"前后期"中出现了转向，却又只是合乎思想逻辑的内在转向。可是，至少在我本人看来，其实不应当把一位与我们同时代的哲学家，混同于那些远不可及的古代前辈，因为唯有到了后者那里，才是无法被我们"起而问之"的。——在这方面，更详细的论证择机再来详述，而在这个地方只能简要地指出，如果没有他在后期行文中的那种"障眼法"，或者说，如果不是他换成了后期那种"先知式"的风格，让那些读者更难一眼看穿其中的奥妙，那么，就冲海德格尔早前对于纳粹的那种逢迎，人们便很难再对他留有起码的尊敬了。

我还愿再来引述萨弗兰斯基的一段说法，以说明在这个判断方面，至少也有人跟我的所见略同：

后期海德格尔进行过一些其他的失败的、昏暗不清的、充满了阿拉贝斯克装饰的思考。他想思维那根本看不到的东西："四维活动作为单纯的、相互信赖的、发生在镜式游戏而存在。四维活动作为世界的世界活动而存在。世界的镜式游戏就是事件发生的圆圈舞。"人们不用去对此加以嘲讽，也不要陷入这种误人的、故弄玄虚的沉思之中。[1]

　　于是，这样的判断也就进而意味着，如就本节所关注的具体论域而言，这位海德格尔也并非没有一个"后期"，只不过，他那种煞有介事的所谓"后期"，却并非循着生命延伸的正常节奏，或者沿着思想发展的内在逻辑，而更其表现为一种外来的，或机械的中断，就像一棵大树在雷电中颓然倒地，却又在其根部生出了一些细小的枝条，仿佛连整个的树种，都俨然变成了低矮的丛生灌木。

　　即使撇开前几种特异的案例，我们还是可以进一步去设想，哲人们终生不懈的思想探险，如果真是挨到了生命历程的"晚期"，才发生了如此决定性的"断裂"，那么，对于任何学有所成的哲学家来讲，都注定要面临相应的风险与代价。不妨试想，如果你在雄姿英发的早年，曾经讲得如此笃定、周备而自信，讲得那么雄辩滔滔、神采飞扬，使得别人即使自己都没有全听懂，也会觉得那至少是经过了你本人的深思熟虑；可谁承想，你自己又突然对此"弃之如敝屣"，重新构造了一套简直"不共戴天"的思想体系，或说是另换了一种迥然不同的思考角度，这便会部分

1　　吕迪格尔·萨弗兰斯基:《来自德国的大师——海德格尔和他的时代》，靳希平译，北京：商务印书馆，2007年，第538—539页。

地毁掉你自己的成就了。——尤其是，万一你在做出了此等的举动之后，到头来却发现在自己"晚期"思考出来的东西，除了对"前期"的颠覆、悔悟与检讨之外，又被公认为并未取得预期中的成功，那么，你除了把自己曾经说服过的拥趸，带进了一片失望、迷惘和流散之外，也算是主动出手帮助思想上的竞争者，干净利落地毁掉了你自己的人生。

千万不要误以为，我并不主张哲学家的"后期创造"。恰恰相反，我反倒是心悦诚服地认为，正因为确实存在着上述风险，我们更应当心怀敬意地看到，如果有谁并不在意身外的名声，而只是在意对于真理的追求，或者至少是，更在意追求过程中的自我感受，那么，他这种否决"早期自我"的勇气，也照样有可能收到意外的效果。——比如，就像那位勇敢的维特根斯坦那样，以其理论立场上的戏剧性陡转，和其"前后期"之间的截然"断裂性"，而终于以早期的名作《逻辑哲学论》，和晚期的名作《哲学研究》，分别获得了相应的忠实追随者。由此一来，他就不啻获得了双倍的声威，就像是以区区一个血肉之躯，而充满激情与创意地活过了"两辈子"。

这才算是超凡脱俗的人生吧？而且，也正因为他能做到如此之脱俗，我们又无论如何都应当承认，显然他的"晚期创造"收获得更多。——说到这里，不如径直征引另一位学者的看法，他在这方面显然进行过更多的研究：

哲学界对于维特根斯坦后期思想的评价相差很远，那些热忱追随维特根斯坦早期思想的学人当中，有很多对他的后期思想深感不解。但后进的学者，多数认为那才是维特根斯坦真正成熟的思想。我也属于后一类。我认为，要理解维特根斯坦的后期思想，最重要的是出发点的转变。逻辑语言主义主张，平常的话语原则上是不清楚的，存在着一种一般的分析方法，提供一个整体上更清楚的话语体系，甚至提供一种终极清楚的话语体系。而现在维特根斯坦对包括他自己的早期思想在内的逻辑语言主义进行了彻底批判。理解是自然的，因此我们可以在一定程度上消除误解、导致理解等等；解释用来消除误解，而不是消除一切误解的可能性。分析和解释通常是就某一不清楚之点而生的，在一个特定的场合中，原来那句话可以作这样的解释，并不意味着在任何场合中都可以或应该做这种解释。而且，即使经过分析的命题的确比原来那句话更清楚，这也不意味着经过分析的命题一般地可以代替原来的命题。维特根斯坦关于自然理解的思想，其意义远远超出狭义语言哲学的领域，是对西方哲学具有根本意义的转向。[1]

1　陈嘉映：《语言哲学》，北京：北京大学出版社，2003 年，第 211—212 页。

当然了，如果照一个人的常规发展来看，那么在一方面，我们最好还是不要拖到了"生命晚期"，才发现面对着自家的"断裂性"，那毕竟意味着太大的弯路与风险，也意味着大部分早年精力的虚掷。不过，在另一方面，我们的治学生涯毕竟是用来追求学理的，而这条充满了陷阱的追求之路，又是从头就难以确保总是笔直的。所以，一旦在夜深人静反躬自省时，突然大汗淋漓、充满懊悔地向自己承认，看来真要去忍受"晚期转折"的阵痛了，那么，我们也就应当鼓起"另起炉灶"的勇气，——无论这会使自己在世俗的层面上，损失掉多少原本就"非关学理"的东西。

耐人寻味的是，如果回到中国本身的学术史，也同样可以沿着这种"前后期"的缝隙，来重新打量某些学者的生涯。比如，据说王阳明就从朱熹的生平中，发现了这种毅然截然的"断裂性"：

> 及官留都，复取朱子之书而检求之，然后知其晚岁故已大悟旧说之非，痛悔极艾，至以为自诳诳人之罪，不可胜赎。世之所传《集注》《或问》之类，乃其中年未定之说，自咎以为旧本之误，思改正而未及，而其诸《语类》之属，又其门人挟胜心以附己见，固于朱子平日之说犹有大相谬戾者，而世之学者局于见闻，不过持循讲习于此。其余悟后之论，概乎其未有闻，则亦何怪

乎予言之不信、而朱子之心无以自暴于后事也乎？[1]

当然这种所谓"朱子晚年定论"的说法，也未必就符合当初历史的事实，因而至少照"理学一派"看来，它也有可能属于诡诈的"辩论术"，即充满机心地编造了别人的自供，来用别人的嘴巴讲出自家的高明。不过在我看来，即使对于这件事仍然需要存疑，我们仍可以从这种"晚年定论"中，看到在儒学的价值范导下，一位进学者应有怎样的风貌。——而这也就吊诡地意味着，就算制造这种说法的"主观意图"的确是要贬低自己的论辩对手，然而它竟又在"客观效果"上，无形中拔高了那位前朝的对手。

同样有趣的是，也许是受"朱子晚年定论"之说的影响，钱谦益后来也提出了类似的"弇州晚年定论"。具体说来就是，尽管归有光原属于王世贞的对手，而且也远不如王世贞享有盛名，然而，后者反而到了自己的"生命晚期"，却突然由于内在心气的改变，不得不向这位对手去自愧弗如了：

　　　迨乎晚年，阅世日深，读书渐细，虚气销歇，浮华
　　解驳，于是乎沛然汗下，蘧然梦觉，而自悔其不可以复

1　王阳明："朱子晚年定论·序"，《王阳明全集》上，吴光等编校，上海：上海古籍出版社，2011年，第268页。

改矣。论乐府，则亟称李西涯为天地间一种文字，而深讥模仿、断烂之失矣。论诗，则深服陈公甫。论文，则极推宋金华。而赞归太仆之画像，且曰："余岂异趋，久而自伤"矣。其论《艺苑卮言》则曰：作《卮言》时，年未四十，与于鳞辈是古非今，此长彼短，未为定论。行世已久，不能复秘，惟有随事改正，勿误后人。[1]

很可能，这同样出自钱谦益自己的杜撰，因为归有光正是他本人的老师。不过即使如此，我们还是能基于这类的"晚年定论"之说，依稀看出当年流行的儒者风习。——这意味着，即使那种毕生不懈追求的风习，并不曾存在于现实的世界，它也在"朝闻道，夕死可矣"的话语鼓励下，至少存在于人们的价值预设之中。

再来总结一下，在到底是"前期"还是"后期"，或者是否应该有个"后期"的问题上，还是应当守住夫子"毋意，毋必，毋固，毋我"[2]的立场。也就是说，一切都是灵活的、可能的和许可的，只需跟从自己内心的感觉，并表现出作为思想者的真诚与胆略。事实上，只有根本就做不到这一点的，才会流于刻意而

---

1 钱谦益:《列朝诗集小传》丁集上，上海：上海古籍出版社，2008 年，第 436—437 页。

2 《论语·子罕》，《十三经古注》第九册，北京：中华书局，2014 年，第 1985 页。

056   前期与后期

笨拙的对外表演，而那又终将会被别人（包括后人）给悲惨地看穿。——当然，这也反过来意味着，要是你确有那颗"求真悟道"的本心，那么，尽管这种选择很可能引起自家的阵痛，也同样可能引起别人的困惑，甚至导致以往追随者的无端喧闹、一哄而散，可终究有可能得到的回报却是，你简直比俗人多享有了"一次生命"！

六、对于晚期或早期的偏袒

从前文中牵出的一条线索是，既然有人就因他的"晚期创造"，俨然跟活过了"两辈子"似的，那么，一旦哪位哲学家果真做到了这一点，而创造出了两个同属于自己的体系，也就很可能沿着他发出的两种路向，分别引领出两批取向不同的追随者。甚至，这两批人还有可能彻底分道扬镳，从而反倒就在他一个人的名义之下，发展出了旗鼓相当，乃至不共戴天的对垒或敌营。

这说起来有点匪夷所思。毕竟，如果从一般的常情常理来讲，既是在讲同一个主体的自我发展，那么，他这种从"早期"到"后期"的发展——可说是他为自己写下的"自传"——无论是更表现为"连续性"还是"断裂性"，甚至即使是最为决绝的"彻底断裂"，而像梁启超当年爱讲的那样，"不惜以今日之我，难昔日之我"，可所有这一切，总归还是由他本人画下的轨迹吧？既然如此，这位"自传"作者出于自身的认同，就总还对这条轨迹享有他的专利权吧？并且正因此，也就总要由活到了"后期"的这个人，来总结、评判和修正"前期"的自我吧？话虽是这样讲，可实际的情况却远为复杂。——在现实的世界，在存在着各种制约的话语场中，那个早已既定的"昔日之我"，并不会因为在时间上的"早出"，就一定会在解释权上落了下风；而这个方兴未艾的"今日之我"，也不会因为在时间上的"晚出"，就注定会在解释权上占据上风。无论如何，他的这两个"自我"越是断裂和背离，就越有可能各自拥有一部分拥趸，而后人也就越可能从解释学的意义上，基于他们各自先入为主的偏好——比如由年轻人更偏爱他那个"早期"，再由成年人更青睐他那个"晚期"——来否定另一半难以被他们待见的"传主"，就好比是将这个人活活地分作了"两半"。

事实上，在宗教盛行的以往年月里，此等纷争到了教主的身后，从来都是司空见惯的。别看那教主仍会被顶礼膜拜，可正是从他"前期"的某种倾向中，或者从他"后期"的某种苗头中，沿着他的思想还不够连贯的缝隙，总能留给人们去分立宗派、分庭抗礼的空间，甚至留给他们大打出手、不可开交的可能。由此说来，就连"孔、墨之后，儒分为八，墨离为三，取舍相反不同，而皆自谓真孔、墨，孔、墨不可复生，将谁使定后世之学乎"[1] 的情况，相形之下还算是温和的与正常的，也即毕竟都还属于认识上的，或学理上的分化。要是再讲到亚伯拉罕宗教的情况，正因其教义性质本身就是独断的，并无什么学理可以商讨与涵容，所以，弄到后来竟都是从那部《圣约》之中，且还都是从耶路撒冷这个地方，先后分化出了犹太教、基督教和伊斯兰教，而接着从基督教那里，又分化出了天主教、路德教和东正教，从伊斯兰教那里，又接着分成了逊尼派与什叶派……由此才导致了，当中国人看到如此分庭抗礼的宗派和如此南辕北辙的教义，一般都很难想到，这竟是从同一话语的缝隙中，被后人们既各取所需，又谬以千里地解释出来的。——而且，此间最棘手、最令人绝望的麻烦更在于：一方面，那些宗教的后裔都坚信自己的教义，绝对是源自同一位神圣的教主，而且那位教主只要金口一开，还必定是和绝对是"最高的真理"；可另一方面，他们偏又表现得如此针锋相对，而且彼此厌恶得你死我活，常要展开宗教的或神圣的战争，由此导致了，据说在"教派与教派"之间的差别，要远远地大于"人与野兽"。

进而，在同样的思维方式决定下，等时光再轮转到了 20 世纪，这种"教派与教派"之间的互不相容，又摇身变成了"理论

---

1 《韩非子·显学》，《韩非子集解》，王先慎撰，钟哲点校，北京：中华书局，2016 年，第 499 页。

与理论"间的殊死搏杀。——对于这种变异的实质，我在以往的论述中，已经给出了相应的剖析：

> 在理论和宗教之间并无绝对的界限：若就其发展潜力而言，当某一理论彻底覆盖了整个族群的心智时，此种理论就演成了他们的宗教，而当这种宗教又派生出此一族群的历史时，此种理论则又化育了他们的文明。也正是缘于此故，当代生活的最大机遇和挑战，就都在于一下子冒出了那么多理论——这既可能预示着空前的上升，也可能标志着空前的沉沦。也就是说，并非不存在下述危险：人们很可能只是从宗教的信徒半信半疑地蜕化成了理论的信徒；他们是在明知这种（那种）理论并不完全可靠的情况下，就不经洗礼地谈笑风生地归宗了此一（彼一）门派，而从此之后便只顾贪图口舌和口腹之快了。[1]

既是如此，以往常见于教主身上的那种"断裂"，如今也就照样发生在理论宗师这里了，而且对于本文更为重要的是，这中间最难以弥合的那道裂痕，也还是绽开在"前期"与"后期"的

1　刘东:《理论与心智》，南京：江苏人民出版社，2001年，第8—9页。

界面上。与此同时，后人们对于"前期"或"后期"的选取，仍要取决于自己的当下所需，乃至于取决于自己的心理气质，未必能比以往更在意"宗师"本身。比如，人们对于沙俄时代的普列汉诺夫，就曾只是根据其理论对手列宁的好恶，而偏爱他单纯作为书生的"早期"，宣称他那时还算个够格的"马克思主义者"。而不消说，他那些译成了中文的《论一元论历史观的发展》《论个人在历史上的作用》等著作，包括鲁迅也翻译过的那本《没有地址的信》，全都属于其"正确年代"的"正确著作"。只是到了当代，至少绝大多数的俄国人都会同意，其实只是到了普列汉诺夫的"晚期"，具体说来，是到了他临终前的那份《政治遗嘱》中，这位当年的书生才真正讲对了一回——"俄国的未来在很大程度上取决于布尔什维克执政时间的长短。俄国迟早将回到正常的发展道路上来，但布尔什维克专政存在的时间越长，这一回归之路就越痛苦。"[1]

与此不同，跟偏爱这位马克思主义者的"前期"相反，在对于他所追随的理论"宗师"的态度上，人们竟又表现出了对他的"后期"的热衷。且不谈苏联时代那种僵化的斯大林主义了，即使到了 20 世纪 80 年代的中国，都已明确进行"改革开放"和

1　普列汉诺夫："政治遗嘱"，转引自欧阳向英："一份值得研究的历史文献——俄罗斯学界关于普列汉诺夫'政治遗嘱'真伪的争论"，《世界社会主义研究年鉴.2013》，潘世伟、徐党哉主编，上海：上海人民出版社，2014 年，第 417 页。

"战略重心转移"了，由于宣传口径仍然拒不承认"普遍人性"，也就无端地连累了那位"导师"本人，至少也要否定其著述的"前半截"。既然如此，那些"遵命文章"也要依样画葫芦，沿着这种宣传口径不顾一切地推演，一直推进到了如此荒谬的地步：不光认为马克思的《1844 年经济学—哲学手稿》不够"成熟"，还进而认定他的《1957—1958 手稿》也不够"成熟"，认定他的《1962—1963 手稿》仍然不够"成熟"，甚至，就连他最有名的代表作《资本论》，基于这种逻辑来看还是不够"成熟"！那么，到哪里还能找到真正"成熟"的马克思呢？这些人到底是在跟马克思的解读者，还是在跟马克思本人进行辩论呢？——幸而，由于在晚近一段时间以来，常要受命参加"马哲"的开题或答辩，我才恍然隔世地，也大喜过望地发现，如今那边的同行早已澄清了这类问题，不再铁嘴钢牙地去这样"肢解"马克思了，也正因为这样，才方便我写出了下述的文字：

> 一旦从"德国哲学家"这个特定的身份入手，科拉科夫斯基就得以沿着更为曲折而漫长的"路径依赖"，去发掘更为隐晦而深密的文化追求，而不必再像以往的臆断解说那样，非要从越来越"科学化"或"公理化"的，其实也就是越来越简单化的教条出发，认定马克思已经断然抛弃了自己的早期思想，或者换句话说，是基

本上斩断了潜藏在自己心中的"文化之根"。不管是出于什么样的考虑——很可能就是为了堵住人道主义的"修正"解释——这类的解说后来竟然越演越荒谬，几乎总要推导出或暗含着"马克思在反对马克思"的结论；而且，这样的马克思还不光在反对自己的 1844 年手稿，也同样在反对自己的 1857—1858 年手稿，乃至自己的 1862—1863 年手稿，甚至就连《资本论》的相关段落也照样嫌它不够成熟。[1]

再转到文学的领域来。还是基于同样的僵化逻辑，对于挪威的那位剧作家易卜生，以往的宣传口径是偏爱其"早期"，据说他那个时期的创造风格，总还算属于"现实主义"的，甚至是属于"批判现实主义"的。不过，一涉及易卜生的"后期"作品，虽然那在他的祖国更受推崇，而且拿到整个世界戏剧史中，也被公认为具有更高的艺术水准，却又嫌"沦为"了象征主义的风格，而这在昔日的社会主义阵营，又属于不被允许的、没落的"现代派"。可反过来，当然是出于同样的划线，对于苏联的诗人马雅可夫斯基，以往的宣传口径又偏爱他的"后期"，因为

---

[1] 刘东："科拉科夫斯基的扛鼎之作"，《引子与回旋》，上海：上海人民出版社，2017 年，第 61—62 页。

他那时已经放弃了"未来主义",皈依到了"社会主义现实主义"的阵营;尽管我们要是回头阅读,会发现马雅可夫斯基的"后期"作品,与其说是"语不惊人死不休的"诗歌,倒不如说是干巴巴的、声嘶力竭的口号,也难怪他自己也觉得"活不下去"了。——由此看来,如果从艺术史的角度来考虑,也不妨来进行一点事后的总结:只要那僵化而蛮横的筛子还在,那么,凡是打算流传下来的艺术作品,就总也漏不过它严酷的网眼,就总要被它冷冰冰出拒于门外。

所以,事后从方法上检讨,如果不是太过僵化,乃至非要以己度人,那么无论你是当代的同侪,还是晚生的后人,也无论你是偏爱他的"前期",还是欣赏他的"后期",总要从"同情理解""知人论世"的角度,想到这毕竟属于同一个"自我"的作为,所以其"前后期"还是不能被截然分开。也就是说,即使你不赞成某人的哪个阶段,你还是要设身处地地进行换位思考,知道他那样做也有他的理由,而且也正是基于同一种动机,他才发展出了生命的其他阶段。——由此又决定了,对于任何一个具体的生命轨迹,我们都会遭遇到下述的"解释学循环":一方面,只有相对理解了他的"前期",才能充分地理解他的"后期";另一方面,又只有相对理解了他的"后期",才能充分地理解他的"前期"。比如,康德的"前期"反而具有"唯物"的倾向,这难免使熟读列宁"唯批"的人感到惋惜,不过就算是这样,恐怕他们还是应当坦白地承认，又只有那个"后期"的或"批判时期"的被说成是"主观唯心主义"的康德，才真正堪称"第一流"的大哲学家。再比如，大物理学家牛顿和爱因斯坦，都主要是在各自的"前期"做出过惊人的创造，这会使得只到事后"盘点"其成果的人，难免为其"后期"的浪费感到惋惜，觉得他们实在是"误入歧途"了。然而，我们如果基于"知人论世"的方法，也应当充满同情地理解到，其实他们越是到了生命的"后期"，才越是沉湎于自己内心的动机了。——针对这个问题，不妨参考一下物理学家杨振宁的说法，他肯定更容易体验这类探索者的内心：

爱因斯坦在普林斯顿主要研究统一场论。他在创立广义相对论以后就专注于这项研究。他在这方面的努力是不成功的，而且招来了广泛的批评，甚至嘲笑。举例来说，拉比（I. I. Rabi）曾说：

"回想爱因斯坦从 1903 或 1902 年到 1917 年的成就，那是非凡多产的，极具创造性，非常接近物理学，有惊人的洞察力。然后他去学习数学，特别是各种形式的微分几何，他变了。"

他的想法变了。他在物理学中那样重大的创见也变了。

拉比对不对？爱因斯坦有没有变？

为了回答这个问题，让我们来读一下爱因斯坦在其

《自述注记》中写的，数学怎样会变得对他重要了：

"在还是学生时我并不清楚，深奥的物理学基本原理和最复杂的数学方法的关系密切。只是在我独立地从事科学工作多年后，我才逐渐明白这一点。"

由此可见，爱因斯坦寻找"物理学基本原理"的目标并没有变。改变的只是他探讨问题的方法。创立广义相对论的经验告诉他：

"可是创立（广义相对论）的基本原理蕴藏于数学之中。因此，在某种意义上来说，我认为纯粹推理可以掌握客观现实，这正是古人所梦想的。"

爱因斯坦的目标始终是探索"物理学的基本原理"。1899年当他还是学生时，他写信给米列娃（Mileva Maric，他们后来在1903年结了婚）：

"亥姆霍兹的书还了，我现在仔细重看赫兹的有关电的力的传送，因为我不懂亥姆霍兹电动力学中最少运动原则的理论。我愈来愈相信今日所提出的运动物体的电动力学与事实并不相符，我们可能可以用更简单的方法去表示出来。"

他在20岁时已经对物理学的基本原理发生兴趣。而到1905年，他所注意的这个基本原理就成为物理学伟大的革命之一——狭义相对论！

今天来评价爱因斯坦对统一场论的执着，我们可以说他确是着了迷。可是这是个多么重要的谜，它为以后的理论研究指出了方向，它对基础物理学的影响将深入到 21 世纪。[1]

由于各个领域的不同性质，这方面的另一种复杂性又体现在，我们如果从追求"知识增长"的学术领域，转回到文学和艺术的创造领域，那么人们对于"前期"或者"后期"的偏袒，就会由于另一个额外的原因，而显得愈发扑朔迷离和见仁见智起来。这个额外的原因正在于，其实跟其他的精神领域相比，在文学和艺术方面是更谈不上"进步"的。那中间的更改、变化或迁移，充其量也只能如艺术史家贡布里希所说，表现为一种方向随机的、无法以人力其控制的"漂移"，——即使到了具体的艺术家那里，他也曾从本心认定过，要使出毕生的力气与精诚，甚至以"语不惊人死不休"的态度，来"至死方休"地增进、改良和完善自己的创造。

由此一来，令人不禁嗟叹的是，对于这些领域的创造者而言，便要额外去面对这一层特有的"残酷"了。也就是说，一旦

1　杨振宁："爱因斯坦对二十一世纪理论物理学的影响"，《物理新论》，倪简白主编，长春：长春出版社，2013 年，第 22—23 页。

　　　　　　　　　　　　　　　　　　　　　　　　　前期与后期

走过了"前期"与"后期"的界碑，尤其是，一旦就连自己也意识到这种"走过"了，也即进入了中国古语所讲的"江郎才尽"，那么，如果不能像马雅可夫斯基那样，毅然结束已然"干瘪"与"错乱"的生命，就难免落入另一个中国古语"寿多则辱"，去强忍这样一个干瘪、错乱和让人失望的生命后期。

　　帕斯捷尔纳克的任何一名读者，只要打开马雅可夫斯基的卷册，尤其是晚期的，则一定会惊异于语汇的贫乏、技法的单调、重复塑造单一模式的新词的呆板：时而硬生生创造出某个副词的最高级形式（最礼貌地），时而给某个动词添加不恰当的前缀（大笑起来）。在这些诗作中，更多的是抽象，缺少的是活生生的具象，这让人不免担心，问题不仅出在作品是否致力于明白晓畅方面。马雅可夫斯基所依赖的储备是有限的，因而他对旅行的渴望也就不难理解：他无法深化自己的抒情，只能忙乱地扩展它的地理空间……"疯狂的旅程"，说起这一话题，马雅可夫斯基要么深感绝望，要么便是踌躇满志——旅行掩盖了各种诗歌资源的枯竭。马雅可夫斯基很早就耗尽了自己——整个二十年代后半期，他陷入了山穷水尽的境地；无论对文学、历史，还是对当下的时代（他害怕窥望时代会让他彻底绝望），他都缺乏清醒的认知。

他很快就发现，他已经没有能够用来"制作诗歌"的材料了，尽管如何作诗他似乎仍然明白。在一个完全简化的现实的缺氧空间里，他自己将氧气包抛在一旁。[1]

最后再顺便讲讲，对于我本人生平最为熟悉的、碰巧也是最具公共性的当代诗人北岛，又该怎样评价他所展开的"前期"与"后期"呢？——不无困惑的是，尽管我们就跟他同处在一个时代，有时简直是拿眼盯着他的写作，却仍很难干净利落地回答这个问题，尤其是，我们更不可能简单地祭起"进步"的标尺，就把相关的答案押在他生命的"落熟"上。当然，在一方面，也有熟识的现代诗专家语出惊人地讲，他"反而"是更偏爱北岛的"后期"诗歌，认为他正是受到固有动机的激发，并且还获得了相应的深化或进展：

> 在我看来，北岛后期诗作与他80年代中后期的作品比，在题材和心境上有所变化，但从艺术旨趣上看，并没有明显的"断裂"，而是同一向度的持续纵深掘进。在意象构成上，他后来更突出了曲折、神秘、潜意识和

---

1 德米特里·贝科夫:《帕斯捷尔纳克传》上册，王嘎译，北京：人民文学出版社，2016年，第307—308页。

大跨度（有时是骤然转向）的暗示性（"深度意象"），但诗的情理线索还是连贯的。在语态上更类乎"自言自语和对诗本身说"，而非"对众人说"和"对形而上（或逻格斯）说"。从音调上，在和谐简短的节奏中却有着自如感（相对于早期诗行的简短而迫促而雄辩）。诗人遵循着"少就是多"的原则，诗歌语象之"少"，并不意味着它语境包容力的减缩。北岛诗歌之"少"，是指一种话语的"压合"（或熔合），他削去一切虚饰，将复杂经验凝为意味的"和弦"，人与存在在"和弦"中猝然相遇，压力面积越小，压强越大，限量的音符却发出了更恒久的震荡和回声。但这也使他某几首后期作品显得过度雕琢，像个较劲儿的先锋文学青年，而缺乏成年艺术家的果断、放松、自信。他说，"中文没有拼音文字的'语法胶'（grammatical glue），故灵活多变，左右逢源……中文是一种天生的诗歌语言，它游刃有余，举重若轻"。作为一个诗人，北岛始终在以自己的努力希望配得上伟大的母语。[1]

不过，在另一方面，生活在大洋彼岸，因而更具比较视野

---

1 陈超："北岛论"，《文艺争鸣》2007 年第 8 期，第 99 页。

的宇文所安，却还是通过对比而发现了，围绕其"前期"和"后期"的这种"深化"，北岛的中文读者和英文读者，形成了"谁也说服不了谁"的两个营垒：

　　西方读者一般来说会喜欢北岛诗中非政治化的一面，认为这个层面表征了"世界诗人"应有的广度。而我接触过的中国新诗读者则倾向于喜爱北岛早期政治色彩浓厚的诗；对北岛诗脱离政治、向私人关怀的转变，他们感到惋惜。一个有趣的问题出现了。谁能决定哪种诗有价值，来判断诗人的转变好还是不好？是西方读者还是中国读者？谁的认可更有分量？中国现代文学的学者常反对将西方文学的尺度强加给中国文学。这是明智的审慎。但是摆在我们面前的是中国文学吗？还是起始于中文的文学？这一诗歌的想象读者是谁？[1]

　　那么，这种在阅读效果上的中外分野，到底是在什么情况下造成的呢？如果根据我本人给出的解释，恐怕还是源自不同的文化传统，尤其是，主要还是源于中国独特的"诗教"传统：

---

[1]　宇文所安："什么是世界诗歌"，《新诗评论》2006 年第 1 期，北京：北京大学出版社，第 125 页。

在我看来，若能根据本土的语境来下心地体贴，原本却并不那么难于转念去发现，只要是循着自家的"诗教"传统，中国的韵文就必会高扬"道德自我"，就必然表现为历史悠久的"为己之学"，从而，也就必为生灵涂炭而发生持久的激动；而由此也就决定了，产生于现代中国的一茬茬诗人，无论他们采用怎样不同的句式，都注定要写出至少能够"自我感动"的诗句来，——要么是"我自横刀向天笑，去留肝胆两昆仑"（谭嗣同:《狱中题壁》)，要么是"为什么我的眼里常含泪水? 因为我对这土地爱得深沉……"（艾青:《我爱这土地》)，要么是"告诉你吧，世界 / 我——不——相——信!"（北岛:《回答》)[1]

于是也就难怪了，正因为那种文化传统，乃至阅读心理，只属于这片独特的土壤，所以，一旦北岛更把关注点对准了域外，更不消说，一旦他干脆移居到了域外，也就势必要越过中西文化的边界，而产生出其诗歌的"后期"风格。缘此或许也可以说，其实在北岛的"前期"与"后期"风格中，所凸显出的并不是

1　刘东:"现代诗与不归路"，《中国学术》第三十四辑，北京:商务印书馆，2015年，第155—156页。

"时间"中的推移，而毋宁是"空间"中的迁移或位移。——正如我在前述那篇文章中又写到的：

耐人寻味的是，既然中外的看法是如此悖反，那么，另一种荒诞现象便接踵而来了：正当这边的人们在鼓足勇气，要为北岛的诗歌鼓掌加油的时候，我们的诗人却也正要从这里抽身，甚至一再向那些"外行"的读者澄清——其实最受你们偏爱和称道的那首诗，也正是我写得最后悔、最不怎么样的诗！这种充满了悬念的嘲弄，恐怕说到底还是因为，他的那些不了解（或不认同）中国"诗教"传统的西方译者，此刻也正跨不过自己面前的文化鸿沟，因而也正对着北岛的"政治诗歌"在大喝倒彩呢；而他们这种更加"内行"的意见，至少在当时那个节骨眼上，还是更具有影响力或宰制性的。——由此，我们也就不难从中揣摸到，在那种看似"纯粹"的美学风格的转变中，的确不仅隐藏着东、西文化间的差别，还更隐藏着南、北世界间的悬殊。[1]

1　刘东："现代诗与不归路"，《中国学术》第三十四辑，北京：商务印书馆，2015年，第153—154页。

七、贝多芬的晚期之谜

　　由对于北岛的接受差别又联想起，在处理"前期"还是"后期"的问题时，难免要面对由理解形成的群体分化；而且，在文明的进程与族群的形成中，我们也完全可以想象，这种各种接受主体在阅读上的分化，他们对于文本乃至字义的"天然"歧见，还应分别溯源于文化上的分头演化。——正如所谓"发现新大陆"这样的说法，也只对当年来自欧洲的白种人才有会效，而要是换上被他们无端称作"印第安"的当地人，则这块"大陆"就既谈不上"新"，也谈不上"发现"了。

　　正因为这样，也就牵引出了下述两个侧面：的确在一方面，我们越是看多了各种人生的履历，越是看多了要么在"早期"，要么在"晚期"的生命力迸发，而且，越是看多了要么对"早期"，要么对"晚期"的偏袒，就越倾向于灵动地领悟到，在充满偶因的、诡谲多变的人生中，并不存在一成不变的"晚期"模板，故而也只能因时因地、因人因事地因应之。当然，也是唯其如此，那个包含着无数偶因的未来——它正因为"尚未"确实地"到来"，才被充满或然性地称作"未来"——才以它原本就应保有的多种可能性，让我们对人生的谜底保持着相应的好奇，也对自己最终的出息保持着相应的紧张度。

不过，在另一方面，正如我们又从梁启超的案例中看到的，一个奠立了价值系统的文明，出于它那独特的理想尺度和独到的人生解决方案，又总会这样那样地、或隐或现地，发展出值得向往的、可以用来校准人生的"晚期"标准。而且，这样一种"生命晚期"的伦理楷模，还会逐渐"内化"成人们的"前理解"，潜伏到了他们自觉意识的"地平线"之下，让他们相信那正是自己所欲的动机，非如此就不能抵达生命的极限，就无缘乘势攀上文化的高度。比如，正是出自对于这种极境的向往——当然那要属于西方文化的"晚期极境"——英国小说家毛姆才会在《月亮与六便士》中，虚构出了下述这种不无玄虚的情节，即那位著名的后印象派画家高更，竟是一直画到了生命的"最后一刻"，才终于碰触到了他那"毕生追求"的极境：

> 看来思特里克兰德终于把他的内心世界完全表现出来了。他默默无言地工作着，心里非常清楚，这是他一生中最后一个机会了。我想思特里克兰德一定把他理解的生活、把他的慧眼所看到的世界用图象表示了出来。我还

想，他在创作这些巨画时也许终于寻找到心灵的平静；缠绕着他的魔鬼最后被拔除了。他痛苦的一生似乎就是为这些壁画做准备，在图画完成的时候，他那远离尘嚣的受折磨的灵魂也就得到了安息。对于死他勿宁说抱着一种欢迎的态度，因为他一生追求的目的已经达到了。[1]

不过，又让读者不免感到痛惜的是，作为一种吊足了胃口的写作手法，毛姆又赶紧在他的虚构中交代说，这一幅作为艺术"极境"的虚拟壁画，居然令人遗憾地并未保存下来，随即就被画家的土著妻子给烧掉了。既然如此，他那些并没有此等"眼福"的读者，也就只能服从于小说的情节安排，从一位完全是艺术门外汉的医生那里，将就着听取明知道会"走样"的描述。——否则的话，大家当然也可以会心地理解，其实作家毛姆也并没有这样的笔力，真能把这种"晚期极境"毫厘不爽地描摹出来：

> "他的画主题是什么？"我问。
>
> "我说不太清楚。他的画奇异而荒诞，好像是宇宙初创时的图景——伊甸园，亚当和夏娃……我怎么知道

1　毛姆：《月亮和六便士》，傅惟慈译，北京：外国文学出版社，1981年，第281—282页。

呢？是对人体美——男性和女性的形体——的一首赞美诗，是对大自然的颂歌；大自然，既崇高又冷漠，既美丽又残忍……它使你感到空间的无限和时间的永恒，叫你产生一种畏惧的感觉。他画了许多树，椰子树、榕树、火焰花、鳄梨……所有那些我天天看到的；但是这些树经他一画，我再看的时候就完全不同了，我仿佛看到它们都有了灵魂，都各自有一个秘密，仿佛它们的灵魂和秘密眼看就要被我抓到手里，但又总是被它们逃脱掉。那些颜色都是我熟悉的颜色，可是又有所不同；它们都具有自己的独特的重要性。而那些赤身裸体的男男女女，他们既都是尘寰的、是他们揉捏而成的尘土，又都是神灵。人的最原始的天性赤裸裸地呈现在你眼前，你看到的时候不由得感到恐惧，因为你看到的是你自己。"

库特拉斯医生耸了一下肩膀，脸上露出笑容。

"你会笑我的。我是个实利主义者，我生得又蠢又胖——有点儿像福斯塔夫，对不对？——抒情诗的感情对我是很不合适的。我在惹人发笑。但是我真的还从来没有看过哪幅画给我留下这么深的印象。说老实话，我看这幅画时的心情，就像我进了罗马塞斯廷小教堂一样。在那里我也是感到在天花板上绘画的那个画家非常伟大，又敬佩又畏服。那真是天才的画，气势磅礴，叫人感到头晕目眩。在这样伟大的壁画前面，我感到自己非常渺小，微不足道。但是人们对米开朗基罗的伟大还是有心理准备的，而在这样一个土人住的小木房子里，远离文明世界，在俯瞰塔拉窝村庄的群山怀抱里，我却根本没想到会看到这样令人吃惊的艺术作品。另外，米开朗基罗神智健全，身体健康。他的那些伟大作品给人以崇高、肃穆的感觉。但是在这里，虽然我看到的也是美，却叫我觉得心神不安。我不知道那究竟是什么，但它确实叫我不能平静。它给我一种印象，仿佛我正坐在一间空荡荡的屋子隔壁，我知道那间屋子是空的，但不知为什么，我又觉得里面有一个人，叫我惊恐万状。你责骂你自己吧；你知道这只不过是你的神经在作祟——但是，但是……过一小会儿，你就再也不能抗拒那紧紧捕捉住你的恐惧了。你被握在一种无形的恐怖的掌心里，无法逃脱。是的，我承认当我听到这些奇异的杰作被毁掉的时候，我并不是只觉得遗憾的。"[1]

还应再来补充说明，尽管小说家毛姆为了事先"免责"，省

1　毛姆:《月亮和六便士》，傅惟慈译，北京：外国文学出版社，1981年，第282—283页。

得读者再来挑剔他自己的描述，就干脆让那位"只讲实利"的医生，先行地作践自己是"又胖又蠢"，简直像莎剧中的丑角福斯塔夫。可是，由于都共处在西方文明的预设下，就不会有哪位英语读者能转念警惕到，他那些诸如"创世记""伊甸园"和"亚当""夏娃"之类的比喻，不过是出自这个蠢材之口的"蠢话"。相反，既然受到了同一种文化的暗示，他们并不会意识到他讲得有"多错"，而顶多只会嫌他讲得还不够"正确"，或者"正确"得还不到位、不够味，未能把这种"晚期极境"讲得更加逼真、神妙和动人；当然，他们更不会干脆转过念来带着深度的批判性来醒悟到，其实这些西式的文化符号，注定会是"风马牛不相及"，因为高更当年所以从巴黎逃出去，而痴迷于热带风情与原始艺术，正是源自对西方文明的极度失望。

分析过这个文学或绘画的案例，就不妨再换个考察的领域，那才是本节想要关注的重心。如果作为小说家的毛姆，在这本《月亮与六便士》中，是借一位美术家的生命晚期，来展示他对于"生命极限"的想象，那么，我在这里主要想说的是，又有为数更为众多的西方理论家，在借一位音乐家的"晚期创作"，来演绎他们对于"理想后期"的理解，——而这位音乐家又不是别人，正是被我们听得最熟悉的，或说是最能进入国际"大空间"的贝多芬。这也就意味着，如果由于毛姆的那番故弄玄虚，会使我们抱憾没有相应的幸运，去亲眼目睹那幅终极的画作，那么无论如何，我们换到了贝多芬的案例，却是千真万确地亲耳听到了。只不过，这虽然也可说是"三生有幸"，却恐怕又并没有多少听众，真能领教出其间的多少"幸运"吧？

的确，一旦说到贝多芬的"晚期作品"，那从来都是古典乐迷既为之心痒、为之神往，又为之生畏、为之却步的。它们听起来当然还是"贝多芬式"的，可是似乎又有点不太像，也不知算是颠覆了还是升华了他"前期音乐"的表象，而由此一来，也必然导致出解释上的种种歧义。当然了，不管怎么说，所谓"前期与后期"的风格分野，在贝多芬那里是肯定存在的，因而此中的真正要害，并不在是否去承认这种分野，而在于如何来解释和评判它。——比如，米兰·昆德拉对于晚期贝多芬的叙述，就是既充满了对于"断裂性"的认定，又洋溢着对于这种"断裂性"的激赏：

> 在最后十年中……他已经达到他艺术的巅峰；他的奏鸣曲和四重奏与其他任何作曲家的都不同；由于它们结构上的复杂性，它们都远离古典主义，同时又不因此而接近于年轻的浪漫主义作曲家们说来就来的泉涌才思；在音乐的演变中，他走上了一条没有人追随的路；没有弟子，没有从者，他那暮年自由的作品是一个奇

迹，一座孤岛。[1]

这里并不是在处理音乐史，只能限于大体地交代一下。米兰·昆德拉所说的那种"暮年自由的作品"，乃是指在经历了"晚期转折"以后，又从贝多芬的谱纸中流出的，被视为独行其是、不管不顾的作品。具体说来，那次转折是发生于1817—1818年，而最终落实到了《降B大调钢琴奏鸣曲》（作品106）中；也正因为这样，这首钢琴奏鸣曲也就被公认为，兴许是音乐史上最为深奥、险峻而艰涩的同类作品。自此以后，贝多芬就利用他剩下的十年生命，朝这个方向创作出了最后的十多部作品，其中包括四部钢琴奏鸣曲（作品106、109、110、111）、《迪亚贝利主题变奏曲》（作品120）、《庄严弥撒》（作品123）、《第九交响乐》（作品125）、五部弦乐四重奏（作品127、130、131、132、135），以及《大赋格》（作品133）。——不消说，几乎所有的行家里手都认为，全部这些"晚期作品"加到了一起，就不光构成了贝多芬音乐的极致，也构成了整个人类音乐的极致。

只可惜，虽则教科书上总是这么告诫，乐评家们也总是这样解说，然而贝多芬这个最后的高峰，却又正是让古典乐迷最感到畏惧的。——它不仅不再打算取悦大家的耳朵，也不再愿意具有

---

1 米兰·昆德拉：《帷幕》，董强译，上海：上海译文出版社，2006年，第185页。

明澈的表象了，相反，如果允许我放纵一下想象力，去做一个或许不着边际的对比，它倒是使人想起另一种用文字构筑起来的，对于后人也同样是既朦胧又哀婉、既华彩又缥缈的，而独特地属于唐代诗人李商隐的艺术世界。——比如，或许在这方面最称典型的，就表现在他下面这首七律中了，它几乎能让人人都无名地感动，只不过等到再回过味儿来，却说不清究竟何以被它感动：

> 锦瑟无端五十弦，一弦一柱思华年。
> 庄生晓梦迷蝴蝶，望帝春心托杜鹃。
> 沧海月明珠有泪，蓝田日暖玉生烟。
> 此情可待成追忆，只是当时已惘然。[1]

针对着晚期贝多芬对于欣赏习惯的挑战，以及由此产生的聆听效果上的"生"与"隔"，或者说，针对着人们在领教其"晚期作品"时的"雾里看花"，以及由此产生的在理解上的困惑与苦恼，那位精通音律的哲学家阿多诺，就干脆再朝这个方向发挥了一步：

> 晚期作品有成熟意义的艺术家不会类似那些在成果

1　李商隐："锦瑟"，《李商隐诗集》，上海：上海古籍出版社，2015年，第1页。

里寻找的艺术家。他们最重要的部分不是圆形的，而是向前的，甚至是毁坏性的。没有甜，苦和辛，他们不会使自己屈服于纯粹娱乐。他们缺少所有古典审美艺术作品对协和的习惯需求，他们显露出更多的是历史的而不是生长的足迹。以这样的讨论解释这种现象，通常的观点是，他们是非抑制的主体的产物，或者，更准确说，"个性人格"，它穿透包围的形式更好地表现自身，使和音变形成为痛苦的不协和音，他们蔑视声色的魅力，控制自我精神对自由的确信。在一定程度上，晚期作品被交给了艺术的外部区域，在文献的附近。实际上，遵循自传和命运去研究真实的晚年贝多芬很少失败。就像，面对着人死亡的尊严，艺术理论是从它的权利剥夺自身，放弃对真实的赞同。[1]

如果事情仅止于此，或者说，如果这些乐评家或理论家，只是自己首先千真万确地，从中听到了"晚期生命"的节奏，又顺势想从中找出普适性的规律，那么这肯定属于他们的自由。——只不过，让人暗生疑窦之处却在于，这种对于贝多芬"晚期作品"的高度褒奖，特别是对于其宗教情感的偏爱，在现代西方独

---

1 阿多诺:《贝多芬的晚期风格》，张典译，引自 https://ptext.nju.edu.cn/c5/11/c13339 a247057/page.htm。

特的话语场中，又往往暗含着对其"前期作品"的否定，至少也属于相对的压制或贬低。——这就让很多来自非西方世界的、置身于"大空间"中的贝多芬迷，感到难以跟从，或者无所适从了。

既然这样，我们在阅读阿多诺的上述说法时，就不能只是受惑于技术上的障眼法，而忘了他恰又是《启蒙辩证法》的作者之一，而且也正因了这一点，跟他这种音乐阐释连在一起的，还有他对整个启蒙运动的失望与否决。与此同时，还不要忘了，既然在启蒙主体那里已经出现了回潮，那么被启蒙的对象也会随之表现为复辟，因此，在对于贝多芬"晚期风格"的诠释中，就自然要牵出西方文明的幽深背景，那正是他曾从人间向其发出挑战的、代表着"命运"或"神意"的西方宗教。——比如，前不久新拍的一部传记电影，就曾刻意利用了他的这种"晚期倾向"，而特地剪裁出了这样的叙事结构：当贝多芬创作像《第五交响乐》这类作品时，这个整天喝得醉醺醺的、以至得了肝硬化的、脾气极端暴躁的男人，简直就是个需要救助的残障人士，经常醉倒路旁备受顽童的戏弄，而只有到接近于生命的终点时，他才算找到了所有逆子的应有归宿，重新投入或皈依了西方传统的怀抱，而就此的主要标志正是《第九交响乐》的创作。那部作品不光不再去"扼住命运的咽喉"，反而还找到了再跟它去重归于好的契机，说穿了就是找回了曾经捐弃或失落了的宗教感。当然与此同时，贝多芬本人的灵魂也就在那一片合唱声中，向着剧院穹顶的迷蒙灯光冉冉地上升，宛如升入了色彩璀璨的神圣星空，重新回到了头顶那个"位我上者"的怀抱……

既然说到这里，为了建立起进行对比的基础，就不妨再让论述从年代上"闪回"一下，以便回顾以"贝三"和"贝五"为代表的、大致对应于贝多芬前期或中期的艺术内容：

　　大家想必也都知道，贝多芬的名言正是"我要扼住命运的咽喉"；不过，人们也许未曾注意到，他跟着还又补充了一句"它决不能使我完全屈服"。正是其中这个"完全"二字告诉了我们，在这里想要"扼住命运的咽喉"的意思，并不是要去彻底赢得无限的自由，甚至战胜自己作为"有死者"的"命运"，而无非是指不能仅仅因为遭遇到了人生的困局，就被它压迫得心灰意懒而无所作为，尤其是，考虑到贝多芬本人的特殊遭遇，是不能因为两耳失聪而不再坚持去作曲，否则也就无从打开自己如此丰富的心扉，无法表达自己对于困境的充满激情的反抗，和自己对于光明未来的充满欢乐的憧憬。无论如何，就像并非每次反抗都注定会失败一样，也不是每次反抗都注定会成功，从而最终奏响"命运交响乐"那恢弘的第四乐章。当然，此外更难躲避的是，我们毕竟都还属于生命有限的凡胎，所以，我们的生命在经历了激情澎湃的创造之后，还终究还会重归到大化的运行之中。不过即使如此，我们还是可以引为自豪地说，就贝多芬这些不朽的音乐创造而言，他还是从某种程度上对抗了他的"命运"，赢得了个人存在的某种意义上的永恒性。[1]

无可否认，尽管据说他的"晚期作品"才更加辉煌，乃至于更加高不可攀，可毕竟还是他"前期"或"中期"作品，才让我们长期以来听得最为投入、最为过瘾，或者说，才乐于将其无保留地接纳进"大空间"。——当然，就我个人的情况而言，这种有选择的接受方式，又不光是因为我本人就置身于这个现世，还更加深刻地是因为，我更自觉地承袭了儒学"有限理性主义"传统，更认同于孔子"知其不可而为"的反抗精神。实际上，正因为只愿意忠实于自己的听觉，我早在还刚刚重新打开国门，尚且无缘听一遍他的全集时，就已经围绕着对于贝多芬的理解，忍不住要嘲笑那些盲目的跟风了。——记得在哈佛讨论马克斯·韦伯时，我就曾附带地讲述过这类的趣事：

1　刘东：《悲剧的文化解析：从古代希腊到现代中国（上卷）》，第二章，上海：上海人民出版社，2017年，第131—132页。

正如从利玛窦的年代起就想拿各种"奇技淫巧"充当传教的引子一样，现在大家再次基于对富裕社会的渴望，而把灵魂的赌注押下了彼岸世界。在一个现世主义根深蒂固的文化氛围中，大约也只能借助此种世俗的诱惑来宣扬本意是超凡脱俗的神性了，只不过以前是传教士在苦苦劝诱，如今是这边主动要脱胎换骨，而且是在西方哲人惊呼"上帝已死"之后很久。一时间此风之盛，竟使非止一位毫无音乐修养的研究生，在跟我谈起贝多芬的时候，煞有介事地宣称惟有《庄严弥撒》他还能听得下去，虽则他那耳朵只怕连《英雄》和《田园》的主题都未必分得清。[1]

当然话说回来，也正是围绕"晚期"贝多芬的这些解释——它们不啻在尖锐地嘲讽着自己以往全都"听错"了——反从心理上激起了我自己的文化警觉，意识到以往对于他的《第九交响乐》的理解，恐怕还是太过流于表浅、太缺乏深究的力度了。也许，反正那些德文诗歌对于中国听众来说，原本就只表现为一些没有意义的音节，顾不上往它的内里或深层探究。所以，人们就

1　刘东："韦伯与儒家"，《理论与心智》，杭州：浙江大学出版社，2015 年，192—193 页。

只是从他的这部"晚期作品"中，听到了壮阔的旋律和恢宏的气势，听到了男中音的厚实或女高音的穿透，听到了乐队与歌队间的对话与交织，说白了跟门德尔松的那些《无字歌》，或者拉赫玛尼诺夫的那首《练声曲》也相差无几。再加上，由于暗中又认定了既然贝多芬作为艺术家，总是要不断追求个人事业"进步"的，因此他的作品就总是要"后出转精"和"越写越好"的，——由此出发，既然他总共只创作过这九部交响乐，那么闭着眼也要把这部《第九交响乐》，当成他一生中无疑最为"登峰造极"的作品。

　　正是针对这一点，我才会在这里有针对性地提醒，一定要从头厘清《合唱交响乐》同《庄严弥撒》的关系。考虑到西方文化的特定渊源，我们再也不能只把"合唱"当作音乐的，乃至声乐的普泛形式，似乎无论到了地球的哪个角落，都足以自发或随机地产生它，无非是改由一组或一大群人，而不是由一个人来歌唱罢了。实际上，这种歌唱形式无巧不巧地，只能产生于天主教的教会活动中，并且，那种把来自各个声部的、本是林林总总的个人嗓音，经由严密的个性训练、控制与组织，再融成冉冉地升入建筑尖顶的声音织体，也正是当年发生在教堂中的，最足以象征其宗教内容的，也是最能打动人心的布道手段，它既兆示了个人的卑微与尘世的肮脏，也宣喻了上界的超拔与天国的高远。——正因为这样，由于两个文明的"精英构成"迥然有别，我们只要拿西方飘向教堂尖顶的独特声响，同中国同样独特的士大夫文化稍事比较，比如拿它跟姜夔"自作新词韵最娇，小红低唱我吹箫"的意境进行比较，就不难看出西方那种源远流长的教士文化，无论是对声乐的发声方法，还是对它的声部组织，都必然会发出规定性的、宰制性的方向要求。

明确了这一点，那么《合唱交响乐》和《庄严弥撒》之间的关联，也就迎刃而解地披露在我们面前了，这在音乐史上原本也不是什么秘密。甚至，撇开音乐史的一般史料不谈，我还在进而基于那些史料而放胆猜测，恐怕在贝多芬在1818年刚就"贝九"而动笔时，尽管他在十年前也曾随兴写过《合唱幻想曲》，但由于他当时还没有去构思《庄严弥撒》，所以他彼时大概也未必就能预料到，到了第四乐章竟要借用宗教音乐的形式，——这种做法实在是太不合常规了，而且我们看到，也正因为这种形式上的"超常"，这部交响乐的用时也才拖得如此"超长"，比他所有别的交响乐都长了很多，甚至一般来说都长出了一倍！因此，最有可能的情况还是，由于贝多芬到第二年又先去创作《庄严弥撒》了，并且又只是在后者已被定型下来以后，才在1823年一前一后地，几乎算是同时完成了它和"贝九"。这样一来，对他的创作过程的合理推断就只能是，当贝多芬决定在"贝九"的第四乐章，破天荒地向管弦乐中引入宗教式合唱时，那灵感肯定是来自《庄严弥撒》的特定形式。当然，也只有到千真万确地发生了这件事之后，他的这部作品才会被俗称为《合唱交响乐》。

　　既是如此，我们就不能再把那些德语的单词，只听成具有辉煌音响效果的音节了。相反，倒是应当老老实实、原原本本地，把贝多芬用在1819—1824年间的《第九交响乐》的歌词，跟他用在1819—1823年间的《庄严弥撒》的歌词，都列举出来进行一目了然的对照，以比较其间相当微妙的分分合合。——当然了，对于《庄严弥撒》的歌词也不必全引，反正"大弥撒曲"一向有它固定的格式，必须依次去谱写所谓《慈悲经》《荣耀经》《信经》《圣哉经》和《羔羊经》等，在文字上根本没有修改变更的余地；即使是桀骜不驯的贝多芬，也不敢违反这种严明的教规，否则岂不是在宗教感上适得其反了？出于这种考虑，为了免得读者对它的内容生厌，我在这里就只引出两段作为示例：

　　《圣哉经》

　　圣哉，圣哉，圣哉

　　我主上帝

　　全知权能

　　天与地

　　都充盈着

　　吾主的荣光

　　和散那归于我主

颂赞那

以主之名的

降临者

和散那归于我主

《羔羊经》

上帝的羔羊，

你洗却

世人的罪恶

怜悯我们吧。

上帝的羔羊，

你洗却

世人的罪恶

怜悯我们吧。

上帝的羔羊，

你洗却

世人的罪恶

赐予我们平安。[1]

---

1 《庄严弥撒》，引自 https://www.douban.com/note/686904630/?from=tag。

与此相应，这里也截取一段《第九交响乐》的歌词作为示例：

欢乐，好像那太阳，

运行在天空上，

欢乐，好像太阳，

运行在那壮丽的天空上，

朋友，勇敢向前进！

前进好像英雄上战场，

朋友，前进上战场，

欢乐前进，

好像英雄上战场。

欢乐女神，

圣洁美丽，

灿烂光芒照大地，

我们心中充满热情，

来到你的圣殿里，

你的力量能使人们消除一切分歧，

在你光辉照耀下面人们团结成兄弟。

亿万人民团结起来，

大家相亲又相爱，

朋友们！

在那天堂上仁爱上帝眷顾我们，

亿万人民虔诚礼拜，

敬拜慈爱上帝，

啊，上帝就在那天堂上。

欢乐，灿烂光芒照大地，

女神，灿烂光芒照大地！

你的力量使人们重新团结，

你的力量能把人们重新团结在一起，

亿万人民团结起来！

大家相亲又相爱！

朋友！在那天堂上，

有一位仁爱的上帝永世长存，

亿万人民团结起来！

大家相亲又相爱！

欢乐，

欢乐女神，

灿烂光芒照大地！ [1]

1　席勒："欢乐颂"，邓映易译，引自《西洋百首名曲详解》，人民音乐出版社编辑部
　　编，北京：人民音乐出版社，1985 年，第 52—53 页。

重温过上述两种歌词之后，尽管那都是贝多芬采用过的，也都曾用大体类似的音乐包装过，我们还是要再进行小心的辨析。必须警觉而细致地意识到，正如在《庄严弥撒》和"贝九"间的"相关性"所示，这里的确表现了西方文化特有的路径依赖。也就是说，不管后人会怎样评判当时的意识形态，总之在那个特定的文明语境和历史时刻，只要人们想要表达对于终极意义的探求，就势必只能要么利用宗教的文本本身，要么就转而利用稍微冲淡的、更富于人间亲和感的"女神"的象征。——有意思的是，在判然划为两界的西方氛围中，一方面，正如我已经撰文指出过的，人们原本就倾向于把理想中的女性，幻化成简直是来自上界的天国，使她至少也是部分"分有"了"女神"的品格："正由于西方文化中的'恋爱'，总与它的宗教信仰连在一起，我们才能反过来看到，那种神性被人情味儿冲淡了的、从而更具有亲和性的、几乎能够跟我们肌肤相亲的'女神'形象，才构成了这种文化的至深奥秘之一。"[1] 另一方面，一旦涉及宗教本身的内容时，他们又有可能把这种心情给掉转过来，再对天国的神明进行"女性化"，以让她显得更有亲和感与人情味。正因为这样，其实从毛姆在前边已经提到的，拉斐尔为教堂所画的壁画《西斯廷圣

1　刘东："另一种爱情：对于叶芝和苏轼的一次重读"，《自由与传统》，北京：北京大学出版社，2015 年，第 379—380 页。

母》，到比才为歌剧《采珠人》谱写的重唱《在那殿堂深处》，到处都能看到这种略有跨界的试探或游戏。

如果再联想到，贝多芬在写完了这两部作品之后，也仅只生存了短短三四年，那么，我们也就应当敏感地意识到，到《庄严弥撒》和"贝九"几乎同时杀青时，他也几乎就要看到"生命终点"了。也正因为这样，我们才会在贝多芬写给别人的书简中，读到他不断地谈论自己的病痛，乃至死亡。

事实上，在《庄严弥撒》创作完成后的两年中，各种严重的疾病如痢疾、眼病、腹痛、水肿、痛风、黄疸等接踵而至。它们使作曲家的创作计划屡屡受阻，不得不在病榻上饱受煎熬。然而当病情稍有好转，贝多芬又会投入到创作中去。值得注意的是，作曲家在晚年的信件中提到上帝或基督时，大多与他的创作或健康问题有关。这种情形一直延续到他生命的终点，是他晚年委身于天主教信仰的最好证明。[1]

如果再稍加联想，想到了贝多芬及其前辈莫扎特，都是到了接近"生命终点"之时，才动念创作这种就连对自己也感到吃力

1　刘小龙:《论贝多芬〈庄严弥撒〉》，北京:北京大学出版社，2010年，第114—115页。

的宗教性音乐，而莫扎特甚至都还没能写完它就撒手人寰了，那么，我们就不难从这样的文化习俗中，体会到就连对于此种音乐体裁的选择本身，都已经是"晚期意识""临终意识"乃至"死亡意识"的表达方式了。——当然，话也可以说回来，如果人们自身的衰退、老化与死亡，在某种程度上也会源自本己心理的暗示，那么，恐怕对于这类幽深、黯淡情愫的触碰，尤其对已在启蒙后不太熟悉它的人们来说，其本身也属于相当低沉的消极心理，并且真的有可能去加速作者走向"生命终点"。

即使如此，我们还是要小心地加以辨别，就算贝多芬已在勉为其难地、边学边用地应用宗教音乐的形式，来表达他在这个阶段的独特感受了。可是，只要他尚有一点选择或游离的余地，而并非只是被动地接受一个订单，他还是宁愿采用同时代人的诗作。那些诗行毕竟出自崇尚自由的大诗人席勒笔端，毕竟有一种大大冲淡了的、更容易被人们接受的外表，或者更明确地说，毕竟有一种更加世俗化的、几乎可以和"女神"肌肤相亲的表达方式。——这正是我在前边就"女神"这个话题留下伏笔的原因，因为沿着"女神"这个特定的象征符号，我们也就油然说到了跟席勒齐名的歌德，想起他在其代表作《浮士德》的结尾处，也同样勉为其难地运用过"女神"的象征符号：

一切忏悔的弱者们，

请仰望救主的眼睛，

感激地超脱出凡尘，

去承受升天的命运！

每一个悔改的心灵

都乐于为你效命！

处女，圣母，女神，

女王啊，将永远保佑我们！

（神秘的合唱）

万象皆俄顷，

无非是映影；

事凡不充分，

至此开始发生；

事凡无可名，

至此始果行；

永恒之女性

引导我们飞升[1]

可无论如何，既然凡此种种都发生在两世纪之前，而我们又已目睹了欧洲在那之后的世俗化进程，那么，我们也就有可能

---

1 歌德：《浮士德》，王蕡译，延吉：延边人民出版社，1999年，第415页。

借着历史的长时段，去辨析出那条作为主流的精神的"渐弱线"来，或者更明确地说，是宗教逐渐走向式微，甚至化为乌有的线索。由此我们就不难想到，无论是席勒、歌德还是贝多芬，尽管也需要那中间的"崇高"感，以充当自己生命价值的"支点"，然而在当时的特定历史语境下，他们都还是尽其所能地，希望把这种关切留在现世或人间。——正因为这样，就像我在早年便已转述过的："歌德十分清楚地声明，《浮士德》的结尾可能是'天主教'式的，但那仅仅是形式而已。他常常又把这一部分称为酒神节式的。"[1] 也正因为这样，如果"贝五"是启蒙运动式的，那么"贝九"就是万神殿式的，而《庄严弥撒》则是基督教式的（尽管仍有人在质疑它的宗教正宗性）。由此一来，我们才足以顺理成章地看到，人们是沿着对于贝多芬的固有理解，也就是说，是怀着他们对于"贝三""贝五""贝六""贝七"的同样热情，来哪怕是稍有"误读"地基于他的"前期"风格，来欣赏他这部创作于"后期"的《第九交响乐》。

进一步说，也正是基于上面的这一层考虑，尽管已经意识到了《庄严弥撒》与"贝九"之间的关联，我还是要利用自己提出的"大小空间"的框架，来分辨人们对于这两部作品的接受差异：

---

1 刘东:《西方的丑学》，成都：四川人民出版社，2018年，第158页。

就以本人生平最爱的贝多芬为例，我们一方面当然应当意识到，即使以往只被抽象理解的《第九交响乐》，仍有暗中的文化之根和宗教之根，而不能对它用人声所推向的乐曲高潮，只认定是利用了某种"高级的乐器"。但我们另一方面也应注意到，尽管这两者几乎就是前后脚完成的，而且"贝九"还肯定是挪用了《庄严弥撒》中的人声要素，但由于其宗教意味的浓淡不同，毕竟只有前者才是属于'大空间'的，而后者则只能是属于"小空间"的。——换句话说，在非西方的或非基督教的世界中，人们也许可以接受贝多芬的《第九交响乐》，却未必就可以领教他的《庄严弥撒》，因为至少在前者那里，特定宗教的意涵并不是以一种劝世口吻而道出的，而是以一种稀释的和人间的形式而表现的；甚至，人们即使在接受"贝九"的时候，也未必就是全盘接受了它的"文化之根"，而只是接受了它能跟自己的文化意识相互重叠的那个部分。[1]

再进一步说，即使在知性或心智的理解中，已经把《庄严

1　刘东："国学如何走向开放与自由"，《自由与传统》，北京：北京大学出版社，2015 年，第 17 页。

前期与后期

弥撒》和"贝九"给相对区分开了，然则，如果仅就我个人的听觉感官而言，由于毕竟已经知晓了它的歌词，也已听出了其中的"圣咏"味道，这些歌词就仍会作为固定的内容，来牵制和羁绊我的自由想象。也正因为这样，就应当老实坦率地承认，如果仅就个人的喜好而言——就算人们会把这看作某种"偏好"也罢——我只能更无保留地欣赏"贝三""贝五""贝六"和"贝七"。至于那部据说更加伟大的、更胜一筹的"贝九"，尽管我也很喜欢它前边的两个乐章，甚至常会为之感到惊喜震撼，乃至心悦诚服——比如，它并未沿袭以往交响曲的老套，一到第二乐章就照例低沉下去，乃至让我们从这种老套中，也会预感到后边的情绪高涨——但我也确实很少有耐心把它听完，往往会在快要听到合唱时便打住了，以免又要再重听一遍念经般的"唱诗"内容。甚至，我有时简直会不无遗憾地，当然也只是一厢情愿地想到，要是贝多芬当初能把它一气呵成，没去转而谱写《庄严弥撒》该有多好！——我们由此就会听到一个更加紧凑合理、更加荡气回肠，而且仍然属于"纯粹音乐"的第四乐章了。[1] 在这方面，只要借助自己的"大小空间"框架，自然也就有理由去大胆地推想，肯定还是那些既无标题，也无人声的器乐，仅仅利用乐

---

1 甚至，我们由此还有可能再听到"贝十"乃至"贝十一"，因为如果不是弥撒曲那种在风格上的霸道，使得此后的情绪推进再也难以为继，那么对于我们的作曲家来说，原本也不该遭遇那个"九"字的魔咒。

思、旋律、音色、节奏、速度与强弱对比，会更容易跨越那些特殊的文化篱笆，让我们这些远在异邦的听众，也都能更顺利地充填起自家的经验、感受和想象。

还要坦然地承认，尽管据说贝多芬自己的确讲过，唯独这部宗教性的《庄严弥撒》，才算自己毕生"最完美"的作品，可我本人的固执态度却是：在一方面，当然也愿意从"知人论世"的意义上，相信或许从他自己的角度，这部作品的确就是空前耗费心血的，也体验到了更大难度的，因而在此意义上简直是"无与伦比"的；可在另一方面，我本人也正像韦伯自供的那样，虽然也愿意从学理上去研讨宗教现象，却就是未曾具备相应的宗教感，甚至我还进一步相信，凡是具备了那种宗教感的学者，也就没什么资格去研究宗教了。也正因为这样，如果从我本人的真实听觉出发，我肯定还是喜欢贝多芬"前中期"的作品，而且，即使是他那些写于"生命晚期"的作品——正如我在阅读陀思妥耶夫斯基时那样——我也还是更其关注着和共鸣于，其中的那些更其属于人间的因素，而不是那些打算献给上界的因素，虽说这两者在他那里有时候也不能完全区分开。

当然了，我虽然也曾嘲笑过对其"晚期"的追捧，但毕竟当时主要是因为，我看不上人们由此表现出的盲从。在这个意义上，真要有哪位精通音律的人，确能从技法的层面对我明说，他还是更喜欢那部晚期的"贝九"，乃至与此相连的《庄严弥撒》，那当然也属于他的个人自由，而且，我还相信他也应当自有道理。——由此又想起，据说巴枯宁在听完瓦格纳指挥的"贝九"以后，曾经颤抖着跳上台去向听众大叫："假如有一天要发生世界火灾，所有的乐谱都将丧失掉，我们还是要冒着生命的危险，来抢救这一部交响乐"。对于他这种发热式的表态，我也照样可以给予同情理解。只不过，还正是出于这样的同情理解，我也要进而补充性地指出，毕竟像这种"世界火灾"式的末世论观念，或者再把它置换成"世界洪水"的观念，说到底还都是出自亚伯拉罕宗教。——当然，这很可能也就意味着，大概也因为有了这样的背景，巴枯宁才会如此激赏这部夹杂着合唱的、使他更容易联想起教堂的交响乐。

无论如何，尽管那并不是这一节的主旨，但我还是要再向上引申一步。毕竟要从两方面周全地看到：在一方面，宗教性的独断思维方式，它本身肯定是"不好"的或"违规"的，而且也正因为它的这种"不好"或"违规"，才使它在当今这个全球化时代，把整个世界都给搅得不得安宁；不过，在另一方面，又由于历史性的裹挟与粘连，宗教在过去的人类进程中，也往往包裹过很多"很好"的东西，比如社群与认同、艺术与道德，那都是人类社会无法须臾稍离的，而无论是巴赫的、亨德尔的，还是"晚期贝多芬"的音乐，只不过是其中很少的例子罢了。不过，也正因为这样，就使我们在当今时代陷入了两难：一方面，即使只是为了欣赏那些精美的艺术品，我们也必须具备相应的宗教知识，否则就会对之不明所以、不知就里；但另一方面，又不能仅冲着艺术品的感染力，就又匍匐在宗教本身的膝下。打个比方，正如要是我们哪天旅游到了开罗，发现金字塔的形制很是宏伟震撼，由此也了解到它当年被建筑的初衷。可即使如此，我们也不必只因为它那强大的形式感，就去赞赏甚至皈依古埃及的信仰吧？——也不问问清楚，在人们那边还有人信这个教吗？

正是出于这样的警觉，等到再来面对贝多芬的"晚期作品"，我们至少就应出相应的谨慎或迟疑，至少也要静下心来多听几遍。无论如何，就算按照前述那部传记片的解释，认定了贝多芬只是到了"生命晚期"，才像毛姆笔下的临终前的高更那样，以他的更具宗教味道的音乐作品，达到了毕生创作的所谓顶峰，那么，长在我们自己头脑两侧的耳朵，至少也应当真实地从中听出来。难道说，都到了眼下已经享有的、更为广大宽松的空间——而不是西方那个较为狭小的空间——我们还非要像以往殖民地的人民那样，亦步亦趋并且唯恐不像地，跟从别人总是翻新花样的解释，甚至由此倒把原本更能打动我们的，贝多芬在此前创作的《英雄》《命运》《田园》《舞蹈》等等，全都判定为过渡性的、有待改正或者更新的，甚至是不够"成熟"的音乐吗？

耐人寻味的是，即使是贝多芬的这部《庄严弥撒》，也许是因为他的宗教情感还不够虔诚，所以其音乐内容仍是相当复杂、纠结与前卫的，并被认为是充斥了太过大量的人间冲突和裹挟了过于激越的浪漫情愫。也正因为这样，其实它从来没有被宗教人士照单接受过，也从未被径直就当成过宗教音乐。同样地，尽管不敢说那从未发生过，但它大体上也没有在教堂上演过，而主要还是属于世俗的音乐厅。换句话说，它主要还是服务于现世的听众，而不是隶属于虔诚的信众。——再进一步说，即使是向音乐的听众而非宗教的信众来演绎它，而且，即使是在受到基督教影响的西方，到底这样一部以"弥撒"来命名的作品，是在凸显更属于现世人间的因素，还是在宣喻上界神明的因素，也一向都还属于见仁见智、并无达诂的问题，因为每一位指挥家对于它的内容，都还有进行再度诠释的自由空间。

在不同指挥的棒下，贝多芬的"庄严弥撒"有不同的样子。不过有一点是相同的，几乎没有指挥把它当作宗教作品来表现。它是一部宏伟的带人声的大型交响曲。……宗教音乐长久以来就是很多音乐家争论的中心。其实问题的核心是，怎么样的音乐才是"真正的宗教音乐"，究竟宗教音乐是应该回归到16世纪特伦托宗教会议后，帕莱斯特里那那种清澈的弥撒曲模式，还是应浪漫主义的要求，带上更多作曲家个人的色彩。这反映了宗教音乐的两种侧面，一方面，它是宗教仪式的产物，唱词有限定的来源，内容是重演教义，还要带有陶冶教区民众的功能。另一方面，它又要满足作曲家本人的表达愿望。这是很困难的，但是宗教音乐并未因此而贫产。各个时代都有杰作。[1]

当然，话也不能说过头。既然揭示出了《庄严弥撒》与"贝九"的关联，我们毕竟还是更多地进入了作曲家的内心，了解到了他曾经不太外露的，起码是不大为国人所知的那个宗教面向。而这对以往那个"桀骜不驯"的贝多芬形象，仍然是不同寻常的、出人意表的，乃至带有一点颠覆性的。也正因此，就算我们并不能完全赞同，或者完全投入，却也可以因为这样的理解，而更多地听懂他那部《合唱交响乐》了，知道他再不去学弥撒的形式，好像也真有点儿走不下去了。——就像我们自己的钢琴奏鸣曲《黄河》，尽管并非没有遭遇过非议和反感，可一旦到了"文革"过后，当真删掉了原本很感生硬的，根本就是插进来的那首陕北民歌，还真不知怎么再把情绪推向高潮了。当然，再把话给说回来，还是通过《庄严弥撒》与"贝九"的关联，我们在更多地了解到贝多芬的内心之后，仍要替他庆幸总算又从中走了出来，写出了这部作为"一生高潮"的交响乐。这当然还是因为，

1　贝多芬:《D大调庄严弥撒》，赫伯特·冯·卡拉扬指挥，产品介绍及评论。

如不是利用了交响乐这种更加纯粹的形式，如不是利用了当时那种"万神殿式的"，或者"酒神式的"形式，那么，到了当今这个全球化的时代，他内心中那种更加私人性的、更属于小空间的宗教情感，就很难被接引到更开阔的"大空间"来，从而再奏响于整个人类的情感共鸣腔了。

由上面的论述，又可以导出两个相应的侧面。一方面，这是不是就意味着，上述理解对于自己以前的欣赏，反而构成了一种暗中的讽刺呢？既然我的确曾经忽略过残存于贝多芬内心的、虽说并不怎么正统的宗教向度。——当然并非如此，因为只要基于自己的"大小空间"的理论框架，我就有理由站在"文明间性"的大空间里，来保留和捍卫自己进行诠释与过滤的权力。另一方面，这是不是就意味着，贝多芬本人的音乐生涯，就被我们沿着"前期"与"后期"的边界，给过于机械地、一刀两断地割裂开来呢？——当然也并非如此，因为只要基于那种"大小空间"的框架，我们就足以充满同情地认识到，其实他内心中所保有的全部情感，包括那种"若有若无"的宗教情感，仍在"小空间"中为他的音乐创作，提供了源源不断的内生动力。而且，也正是这种独特的文化动力，才推动他奋力完成了自己的"贝九"，从而把本人的创造推向了巅峰，并最终向着国际乐坛的大空间，提供了自己作为"乐圣"的伟大完型。

另外，如果就对他的具体解释与接受而言，我们在一方面固然可以说，正是由贝多芬所发出的那一片乐思，帮助塑造和支撑了当今的音乐"大空间"，甚至改塑了我这位中国人的情感世界。可在另一方面，我们又有理由转过来说，又正因为有了来自"大空间"的这种支持，即使到世上的宗教全都消亡之时，贝多芬的音乐也绝不会跟着它一起消亡。只是相对而言，如果跟这部宗教味更淡的"贝九"相比，他那部宗教味更浓的《庄严弥撒》，便只能被相对地隔离在文化的，或历史的"小空间"里。因为如果就全球的普遍文化场域而言，即使不都像中国这样"无宗教而有道德"，也只会更倾向于这种认同"亿万人民团结起来"的呼吁，而不是那种"圣哉，圣哉，圣哉"的赞颂。——这说到底也正好比，虽说人人都有他"不足与外人道"的隐私，但却并不是所有这些私下的动机，都应去挤占或拥塞公共的空间，因为那"大空间"又同时属于别人。不妨再换一个表达：即使是高度抽象的管弦音乐，也仍要属于人类语言的一种，而正如后期维特根斯坦所主张的，既然是"语言"那就不该是"私人性"的。

还要再牵出一个埋下的伏笔，前边已经向读者们交代过，阿多诺曾从分析贝多芬的"晚期"入手，得出了对于所有"晚期作品"的概括。——而从这一点出发，我们又自然要联想到，大概也是沿着类似的思路，由于又把"晚期风格"等同于"现代主义"，萨义德也已不再以个人的"生命周期"，而是以总体的"时代特征"来解释这种风格了：

晚期风格这个概念是阿多诺论述晚年贝多芬的时候最先提出来的。在贝多芬以《大提琴奏鸣曲》为代表的晚期作品中，那些极具个性化的音乐语言创造实际上既不同于古典主义也不同于浪漫主义，完全不具备普通音乐史教程中所写的那种承上启下的连续性。阿多诺由此认为贝多芬的晚期风格相对现存的秩序发生了变异，并且"不让自身屈从于纯粹的享乐"，是一种有反对性力量的苦涩而悲剧的终结之曲。萨义德在阿多诺的论述基础上大大拓展了晚期风格的内涵与范畴。正如我们先前论述的，晚期风格在萨义德这里已经脱离了具体个人与某一生命时段的束缚，成为了一种带有艺术普遍性的批评理念。尤其是从艺术史的角度看，晚期风格的面貌在整个传统的延续中是一种非常意外的乃至另类的、体现着断裂与否定性的存在。[1]

　　于是，也就引起了一种有意思的对比。如果我在早年是从"现代感应性"的角度，而以《西方的丑学》这样一本处女作，来总括地解释西方的现代主义艺术，那么，萨义德到了自己的

---

1 王威廉："登临漆黑顶峰的孤独灵魂——读萨义德《论晚期风格》"，《书城》杂志 2009 第 10 期，第 92 页。

"晚年"则是用一本未竟的著作，并以整个的文明都已步入"末年"为理由，来喻指自己在纽约所看到的现代西方艺术：

> 晚期，自然首先是个时间概念，通常我们会想到晚年、垂暮这样的生命周期。死亡的阴影已经近在咫尺，艺术家必须背对着身后升起的永恒深渊，回望自己的一生开口说话。这样特殊的时刻作品的风格将会发生怎样的变异呢？我们在艺术史上常常可以看到如下情形，一些艺术家将属于自己的风格发挥到了极至，经验的老到与时间的磨砺使作品呈现出一种圆满、和谐甚至完美的光泽；但还有一些艺术家，在他们的晚期作品中，我们几乎看不到这样圆满的成熟，他们的作品反而充斥着晦涩、矛盾与不可破解的机密，一改大众喜闻乐见的形式，纵身一跃站在了艺术有机链条的外围，形成了一种独特却又晦暗的存在。所以说尽管同是晚期，但不同的艺术家赋予了晚期不同的内涵与形式，而萨义德所要论述的晚期风格也并非是涵盖一切晚期的年代学序列，他所倾心的正是这后一种略显异类的晚期，用他自己的话说："我想要探讨的这种晚期风格的体验，它包含了一种不知道的、不安宁的张力。最重要的是，它包含了一种蓄意的、非创造性的、反对性的创造性。"从这点出发，他进

而把这类晚期风格提升到了一种艺术形态学的层面：凡是具有这类艺术特征的作品都可以称之为晚期风格。[1]

不过，也正如已经有评论家看出来的，即使只是验之以西方文明的时间表，萨义德的这种说法也是"以偏概全"的。那就更不要说，如果站在我本人的立场上，或者说，站在一种更加广阔的、基于"文明间性"的立场上，那么至少也可以认为萨义德所说的，只不过是他在西方见到的那种"晚期"。换句话说，他所看到的不是曹操的"晚期"，不是庾信的"晚期"，不是杜甫的"晚期"，不是苏轼的"晚期"，不是吴昌硕的"晚期"，也不是齐白石的"晚期"，不是梁启超的"晚期"，不是王国维的"晚期"，当然更不是孔子的"晚期"。——由此一来，更进一步的存疑就在于，一旦萨义德就这么沿着现代主义的方向，来定性世界上所有文艺家的"晚期风格"，那么，他充其量也只是把西方文艺史中的"晚期风格"，夸张成了整个人类文艺史中的"晚期风格"，而这也就暗中意味着，他就把只是源自西方的现代主义运动，说成了具有"普世"意义的，因而必然又要席卷到东方的艺术运动。

最后还要再说一句，萨义德所描述的那种"晚期风格"，同

---

1 王威廉："登临漆黑顶峰的孤独灵魂——读萨义德《论晚期风格》"，《书城》杂志 2009 第 10 期，第 91—92 页。

样也不会是我本人的"晚期风格",因为我恰恰属于孔子和梁启超的后继者。可即使如此,如果就这一节的主题而言,我还是要坦然而如实地承认,自己仍然能从"晚期"贝多芬那里,学到很多以往未曾领悟的东西,特别是他那种"我行我素"的劲头,和他那种"义无反顾"的精神。而且,也正是在他那种榜样的示范下,才激励和开发了属于我本人的、眼下正是干劲十足的"晚期写作"。——就这一点而言,其实这种在"晚期创造"上的紧迫感,对任何一个人来讲都深具意义,因为我们毕竟都属于"有死者",都会被那一阵阵"要命"的生命鼓点,给相当紧迫地、过时不候地催促着。

八、过犹不及的连续或断裂

接着前文中触及的各种现象，正好抒发由此触动的复杂感受，——这当然首先是指，给作者本人带来的亲身感受。

无论如何，在"前后期"之间的这些分分合合，就逼出了一个尖锐的人生悬案：在既"连续"又"断裂"的，充满了危殆与转折的人生中，究竟怎样去看待对于"自我"的认同，以便承担起对于"自身生命"的责任？当然，问题的一个方面首先在于，我们肯定应当付出持恒的努力，来保持"自身生命"活动的连续性。这不光是指，我们几乎从孩提时代起，就从各种耳提面命中明白了，要是"一曝十寒"或"三分钟热度"的话，便只能导致成长的挫折和人格的碎裂。还更其是指，我们也在长期的读书与阅世中，已经从正反两面的经验中领会到，无论什么种类的创造活动，只要它具体地处在历史的进程中，就只能现实地表现为传统的激活。——这中间，当然也包括对于过往那个"自我"的创造性发挥，或者说，包括了对那个已成"旧我"的本己传统的激活；唯其如此，我们才能获得一种继续向前延伸的，表现出了活生生的"绵延性"的个人履历。

正是出自对这种"绵延性"的企求，一旦意识到这也已算是自己的"晚期写作"了，我才再也顾不上那许多繁文缛节，而对凡是以往仔细思考过的问题，都倾向于径直地、简捷地引证自己，即使这在学界显得有点"不合常规"。——不过，对于这种"并非偷懒"的做法，我也曾进行过认真的、负责任的说明：

> 还是出于这种"文责自负"理由，越是进入了"后期写作"的生命阶段，我就越是想要来征引自己。而且，似乎越是到了晚近的这个阶段，这种并不合"学界常规"的积习，也就越是难以对之进行遏制。——其中主要的原因无非是，许多绞尽脑汁的学术话题，只要是被自己下力碰触过了的，我都不会再轻易地予以放过，总会把该主题悄悄地发展下去，直到那些看似无关的思想线头，能从各个方向被收拢过来，连接成疏而不漏的一整张网络。既然如此，一旦碰到自己克服过的话题，我也索性就"好话不说两遍"了，以免雷同于那些没出息的做法：倒是没见某些人怎么去抄袭别人，却总见他

们在无聊地拷贝自己。[1]

——有意思的是，至少在一些读者或编辑那里，由此也就显出我自己的某种"绵延性"来了，他们由此才要么在读者来信中、要么在编辑手记中，正是从我的这种"自我回顾"中，看出我实则早就在思考着哪些问题，或者说，看出我的哪些思考是其来有自的，乃至紧盯不放的。这样一来，如果继续借用梁启超的那种表述，那么我自己的"昨日之我"和"今日之我"，就不仅有可能显出了"连续性"，还可能在这种连续中去相互增效。

也不管人们是否要"知我罪我"，为了预先就提出某种借以搪责的理由，我都要把这种别有考虑的"自我引证"，形容为我已讲过的所谓"自我互文性"。——我就此给出的自我辩解是：就算从消极的角度来讲，这样做也是在希望，这种跟自己昔日作品之间的特殊的互文性，至少也可以作为具体的人生轨迹，记录下一个坚持思考了几十年的、活生生的生命；而若从积极的角度来讲，这样做更是在希望：那些被援引过来的旧有的段落，一旦被拉进更上一层的构思之中，也便可以在崭新的语

1　刘东:《天边有一块乌云·自序》，南京：江苏人民出版社，2018 年，第 5 页。

境与框架下，获得它始料未及的新颖意义。[1]

不过，值得警惕的另一面却在于，这种对于自身"连续性"的看重，又无论如何都不要被弄成了"固执"乃至"偏执"。也就是说，尽管每人都会有"敝帚自珍"的倾向，甚至都可能表现出"酸葡萄心理"，而且这种"自珍"当然也可能是因为，唯独"这一个人"，才更深切地体会到了"这一个道理"，然则，我们自身生命过程的延伸，总还需要表现为向前的继续延伸，或者是向更正确的方向去延伸。既然这样，要是就连自己都已意识到了，那个"昨日之我"是有所缺失的，或者至少也是不够全面的，那就必须直面由此带来的"断裂"问题。就此而论，恰由于这次生命对于我们来说，不仅是宝贵的，而且是唯一的，所以，果然到了需要进行"突破"的时候，我们才应当毅然地进行"壮士断腕"，哪怕这会给自己带来短期的阵痛；否则的话，整个的生命就只会被拖延下来，一误再误，甚至被拖成一场全然的错误。——正是出于这方面的考虑，我才会在前文的相关段落中，无论是对维特根斯坦的"后期创造"，还是对或许存在过的"朱熹晚年定论"，都表达了发自内心的赞成和欣赏。

1　刘东："自序：引子与回旋"，《引子与回旋》，上海：上海人民出版社，2017年，第3—4页。

这也就意味着，正因为要对"自身生命"负起责任来，所以一旦发现站到了某个纽结点上，反而又必须咬咬牙学会"舍弃"。而且这种忍痛做出的"舍弃"，还不光指寻常所讲的"身外之物"；毋宁说，果然到了某种特殊的人生关口，那也同样在指自己的功业、学说、声名和人脉，在指自己以往付出过的那些努力，或者说，在指以往已经落定的生命历程，——只要我们眼下确已明确意识到了，那"昨日之我"有可能成为继续实现自身潜能的"魔障"。由此想到，虽常听到这样的人云亦云，说我们作为人是"生而自由"的，可若是较起真来，其实在一个人呱呱落地的那一刻，他才最是一个"必然王国"里的存在，无非来自父母在去年某时的爱情活动，而他就连这一点都没有选择的自由。而再说到刚刚落生的这一刻，由于其生命力的单薄与弱小，就算他已开始拥有微弱的主体性，可他那小小主体性中的一切，仍要受到周遭环境的严重影响，包括他的家庭与族群特点，包括他的母语和母文化，包括他的开蒙老师和训导内容，也包括等他挣扎着去"学着思想"时，所首次对准的思索对象，偶然采取的思考角度，随机获得的思想灵感，侥幸抓住的评价机遇和偶尔听到的外部评价等等……

　　而无可如何的是，此后在"这一个"主体的全部生涯中，他那"生而自由"的人生的主要使命，又只能是既背负着这些、拖累着这些，偏又要把这些当作基础和动力，去渐次摆脱前述的

"必然"因素。由此我们就不妨说，对于他此后的人生历程来说，最为吊诡或曰悖反的，更在于其"不自由"还可能表现在，他往往还必须面临这样的困境：除非去自我扫除前边的生命痕迹，否则就无法再获得可以指望的进境。佛家正是把这种由自己种下的，却又妨碍着自我修行的东西，叫作一个人的"业障"或"业累"。换到了今天讨论的话题上，这种吊诡的情况也就意味着，当一个人企望谋求"突破"式的发展时，或者说，当一个人面临转折式的"后期"时——更不要说那种决然"断裂"式的转折了——恰是需要巨大勇气和胆略的，既然这件事已经明确地要求了，对于自己此前付出的心力，建立的名声和得出的结论，只要有必要就必须断然地抛弃，而绝不要为任何的"所执"所牵累！

更有甚者，为了让生命进程转而向某处延伸，如果确实感到了"时不我待"的话，还必须如"壮士断腕"一般地，去割舍一些原本"相当过瘾"的事情，或者一些也具备了相应才华的本领，而这就越发说不上什么"快乐"与"自由"了，——正如我在多年前伤感地就此写到的：

> 古往今来，尤其在高度分工的当今之世，一个最为悲惨的事实是，只要你想到了"有所为"，马上就意味着"有所不为"。——从他者的评价讲，不管你有过多少实现自身的可能性，在不满百年的短促时间内，面

对着《浮士德》最后一幕的悲剧，你总要将这许许多多的可能性，兑换成某一种粘着滞重的、不容反悔的现实性。不管外界和内心存有多少诱惑，你都得赶在生命力衰竭之前，孤注一掷地做出或此或彼的选择，哪怕其中任何一项都曾使你激动不已，而且割舍掉哪个都显得武断和无理。由此可见，其实任何个体生命的过程，只要还想有一丁点成就，就总是一个不断受到阉割的过程。——就拿自己来说，也不过为着做点儿学问，就不仅戒除过写诗（可怜我早年受家父熏染，觉得写诗是那样过瘾），还曾戒除过歌唱（可怜我要不是受命运捉弄，本来更有可能专攻声乐），而现在又轮上戒除率性走笔了……[1]

由此可知，究竟如何调整"连续性"和"断裂性"，从而在"前期"与"后期"间去寻找平衡，并不是件唾手可得的容易事。比如，我们信手就可以拈来这样的教训：有的学者在立场上总那么闪烁不定，误以为享有了"天马行空"般的自由，遂把思想武库中的"十八般"兵器，全都半通不通、半真半假地舞弄了一过，或者说，他是把但凡可以称作"立场"的地盘，全都抢占

---

1 刘东："学着思想"，《用书铺成的路》，北京：北京大学出版社，2010年，第87页。

到自己名下"过了把瘾"。然而可叹的是，由于各种思想立场的相对性，和它们彼此之间的互不相让，这种思想上的"玩家"弄到了后来，也终究把自家采取过的那些"立场"，全都无意中狠狠挖苦和反对了一遍。而且，随着人生的逐渐老化与定格，他的看似随心所欲的立场变换，最终却钉在了一个"最为不堪"的方位，而再想转换角色也终不获别人承认了，只能硬撑着扮演这个糟心的角色了。——当然，我们要是回过头来"复盘"，还是应当承认他有过人的"聪明"，否则也不能玩什么都像"那么回事"；只可惜，偏又应了那句"聪明反被聪明误"的古语，他到头来给自己开了个天大的玩笑，其代价是虚度掉了整个的"学术生涯"。

前述的这种教训，可谓是"断裂性"过甚的极端。而反过来，所谓"过犹不及"的是，也常能见到竟是终其一生，乃至无论在什么场合，都只去重复一种论调的学者，哪怕随着思想的进境，学术的推演和国际的交流，他本人早年信口道出的那点看法，那种刚刚入道的试笔，其浅陋和粗疏已属路人皆知，所以再不毅然抛却而破茧重生的话，就只能沦为普遍的笑柄了。可惜即使这样，他仍只是在铁嘴钢牙地复述，把原应是"求真"的学术生涯，弄成了竟像是毕生的"圆谎"，还端着"九死未悔"的夸张架势！而话说回来，令人不免遗憾的是，若不是非要这么"因陋就简"下去，就以他后来获得优越治学条件——而且还必须承认，他后来获得的那种治学条件，还就是当初的那个"简陋观点"换来的——他哪里会只有这么小的"出息"，甚至干脆连"出息"二字都谈不上呢？

因此，既然有了这么多"过"与"不及"，以及由此所带来的失衡或滑落，我们就不能不回首来向自己示警。看来，在"做学问"这种毕生的事业上，如果真想要"对得住"自己的话，反要先把那个"自我"置之度外，先不要太过"患得患失"，预估这种立场、那种观点，足以给自己带来点"什么"，而要像孟子当年所讲的那样，先去默诵着"反身而诚，乐莫大焉"，以护住"求真"过程本身的这份快乐、这份纯真。唯其如此，才能在不会"自欺其心"的前提下，在不失这份"好奇心"的前提下，既去保住"自家生命"的延续，又去争取思想境界的突破。由这一点，也就想到了罗曼·罗兰的一本名著，而书中的主人公约翰·克利斯朵夫，也正是我们上节所讨论的贝多芬。——既然如此，出自他笔下的下述心理描写，也就让我们愈发信服地想到，难怪贝多芬会活出如此超凡脱俗的、如此充满创意的"生命晚期"：

他对一切都感到兴趣，恨自己不是十五岁的少年，看不见下一代的奇妙的发明，没法和他们的思想交流。
他有人生最可宝贵的一个德性：一种永久新鲜的好奇心，

不会给时间冲淡而是与日俱增的。他没有相当的才具来利用这天赋，但多少有才具的人会羡慕他这种天赋！大半的人在二十岁或三十岁上就死了：一过这个年龄，他们只变了自己的影子；以后的生命不过是用来模仿自己，把以前真正有人味儿的时代所说的，所做的，所想的，所喜欢的，一天天的重复，而且重复的方式越来越机械，越来越脱腔走板。[1]

到了本节最后，还想再着重地谈谈张爱玲，当然也是因为在她的生命中，同样出现了很值得分析的"前后期"。不过，基于前边交代过的理由，为了能省下一点写作的时间——对于我私下里的写作计划来说，它无论如何都显得相当迫促了——在这里还是要从以往的文稿中，简捷地调动出相应的段落来。可无论如何，读者们随即也会从中发现，我那些在以往写下的文字段落，一旦被拿来嵌进"前后期"的语境中，又会在新的背景下意外地显出"新意"来。

无论算不算得上一位"张迷"，大家肯定都可以大略地了解，这位女作家不光是有她的"前后期"，而且，那还属于判然有别

1　罗曼·罗兰:《约翰·克利斯朵夫》，傅雷译，《傅雷全集》第七卷，沈阳：辽宁教育出版社，2002 年，第 218 页，着重为引者所加。

的，甚至判若两人的"前后期"。此外，大家对这一点也应当心知肚明：她这种截然断裂的"前后期"，又全都跟同一个男人有关，不管他具体表现为在场还是缺席。正因为这样，我在这里想要再来强调的，就不在这种简单明了的事实，而是想要从她所展示的教训中，引出人生中更加吊诡，甚至相当诡秘的一面。——那一面正是：一个人的"前期"与"后期"，有时候不光是不能被截然分开，而且，正因为那"两阶段"又同属于一个人，所以从那"前期"中产生出的意义，往往到了"后期"的伸展与绵延中，还会像德里达喜欢强调的那样，展现出完全始料未及的"延宕"，甚至是绝对意想不到的"转化"。

无论如何，恰由于到了"后期"的张爱玲，只是沉湎在对于往事的回顾，尽管也夹杂着掩饰与分辩，有时候难免就让人觉得，她这个人简直只是在"前期"才"生活"过，忘了她其实早在 30 岁便已去国，而此后又在域外整整生活了 45 年！那么，为什么她更多一半的生命历程，都会由于这次"断裂"而失去了意义呢？正是鉴于这种落差中的蹊跷，才吸引我借着"前期与后期"的框架，发现了这样一个惊人的事实：在一方面，虽说是毫无疑问且众所周知，张爱玲早年曾在沦陷的上海，犯下了一个既令人惋惜，又难以挽回的"错误"，那就是跟胡兰成扯上了麻烦的关系；但另一方面，如果能把观察的尺度再给放宽，更从她全部的人生履历来观察，那么，鉴于她此后进退失据的表现，和天差地别的成就，我们又会感到那"前期"中的"错误"，正由于也是张爱玲自己犯下的，而且反正已然是难以挽回的，所以它对于她本人来说，要不是她到后来做得如此决绝，却也又可能转成某种相对的"正确"，——虽则说，这种"正确"只能相对于她个人的处境而言，而跟当年十二月党人的夫人们，并不在价值上具备更正面的可比之处。

那么，这种决绝的"断裂"是怎么发生的呢？在我看来，它首先是出于张爱玲自己身上的某种"裂痕"。——正是这种心理上的潜在的"裂痕"，导致了她既生活在上海的文化界，而具有知识分子的品位与追求，却又同时生活在上海的里弄中，而熟稔和认同市民社会的心理与算度。

人生总要不断地向上攀缘，达到的高度也总会错落不齐，而这样一来，他们便会从各自不同的高度，来思考他们共同面对的问题。——更要注意的是，像张爱玲这样的特殊经历，又尤其要比为我们所熟知的、置身于高校的女性，具有完全不同的看问题的角度。

这种分裂取决于她的环境与际遇：她就生活在这个流传着"家长里短"的小世界中，谙熟了这个小世界的特定逻辑，且又以擅长描述这个小世界而名家，并还以此而博取了"作家"的身份。——这就是前述那种"两面性"的由来。[1]

由此在我看来，也只有循着这条潜在的"裂缝"，才能从当事人的"情理"中看出来，为什么一旦熬到"抗战胜利了"——其实这种说法到了小市民的口中，最好径直地转换成"胡兰成失势了"——之后，那个男人就再也没有什么可取之处了，从而一定会发生某种截然的"决裂"。

如果从生活的逻辑看，当年的贸然爱上胡兰成，自然是个不能再错的"错"了，无论从他的卖国、他的滥交、他的浑噩，还是从他的失势来看。——然而讽刺的是，这个"错"又只有在他失势之后，才会在她这个小世界里暴露出来，所以，她的周围当初怎么会同意这个姻缘的（看看如今的《上海宝贝》吧），现在就会怎么站出来决绝地、义无反顾地反对。

于是，她也就显得有了充足的理由，偏选在这个时刻决绝地离开他。可以想象她周遭那些上海腔的碎嘴，会在日本已然宣布战败以后，唠唠叨叨推着她往哪

1　刘东："那就爱这个'错'吧：也谈张爱玲的《小团圆》",《自由与传统》，北京：北京大学出版社，2015 年，第 402 页。

里走。——那是个多么势利、多么精明、多会翻脸的城市啊！[1]

不过问题却在于，那些里弄中的人们又岂能想到，这偏偏又只是张爱玲内心的一个方面。而她们根本不可能懂其中之奥妙，可对她也同样重要的另一个方面，则是她还另有一种文化的生活，在那里就不能光用"实利"来算计了。她们更加不能想到的是，她在那个更高的生活层面中，也同样需要能谈得来的、相濡以沫的知音，那样的知音还更难寻找与替换。——这样一来，我们也就发现此中的困难了：不管那个男人的人格有几多缺陷，我们都能借胡兰成留下的相关记述，知道他对于张爱玲来说恰属于毕生的"知音"。

然而从艺术的逻辑看，也就是说，从不能为那个小世界所理解的、张爱玲的另一半主观世界来看，偏偏又没有任何人能跟胡兰成比肩。——不是说胡兰成就有多么高明，而是说这一对男女曾经多么相投：

我与爱玲亦只是男女相悦，子夜歌里称"欢"，实

1　刘东："那就爱这个'错'吧：也谈张爱玲的《小团圆》"，《自由与传统》，北京：北京大学出版社，2015 年，第 402—403 页。

在比称爱人好。两人坐在房里说话，她会只顾孜孜的看
我，不胜之喜，说道："你怎这样聪明，上海话是敲敲头
顶，脚底板亦会响。"后来我亡命雁宕山时读到古人有
一句话："君子如响"，不觉的笑了。她如此兀自欢喜得
诧异起来，会只管问："你的人是真的么？你和我这样在
一起是真的么？"还必定要我回答，倒弄得我很僵。一
次听爱玲说旧小说里有"欲仙欲死"的句子，我一惊，
连声赞道好句子，问她出在哪一部旧小说，她亦奇怪，
说："这是常见的呀。"其实却是她每每欢喜得欲仙欲死，
糊涂到竟以为早有这样的现成语。（胡兰成：《今生今世·民
国女子》）[1]

　　就算他只是一位知道在何时"喝彩"的听众，胡兰成对于张
爱玲都是相当珍贵的。只可惜，张爱玲当时或有些"当局者迷"
了，而等到再移居到了国外，有了鲜明的对比以后，她虽说肯定
能体会到这一点了——否则也不会反复念起他这个人——却又反
而常要在行文中进行掩饰，换言之就是强撑着也不肯承认。在我
看来，撇开她原本就嚷嚷着"出名趁早"，到后来却被迫去"忍

1　刘东："那就爱这个"错"吧：也谈张爱玲的《小团圆》，《自由与传统》，北京：
　北京大学出版社，2015年，第403页。

受孤独"不谈，实则更为重要的是，还不在于这种他属于那种"知音"，可以对她做到"妇唱夫随"，而在于正因为她是个"小女子"，或者说，正因为她的那个世界实在是"太小"，胡兰成的那个尽管大为偏斜、却终究相对较为宽阔的世界，才对张爱玲显出了不可替代的意义。只要细品《小团圆》中的追忆，我们就可以恍然大悟地体会到，至少在有的时候或有些情况下，那个胡兰成简直就是张爱玲的"宇宙"，——而且，也正因为有了他的那个"大世界"，她才更能安心地去经营自己的"小世界"：

> "二次大战要完了，"他抬起头来安静的说。
>
> "嗳哟，"她笑着低声呻吟了一下。"希望它永远打下去。"
>
> 之雍沉下脸来道："死这么许多人，要它永远打下去？"
>
> 九莉依旧轻声笑道："我不过因为要跟你在一起。"
>
> 他面色才缓和了下来。
>
> 她不觉得良心上过不去。她整个的成年生活都在二次大战内，大战像是个固定的东西，顽山恶水，也仍旧构成了她的地平线。人都怕有巨变，怎么会不想它继续存在？她的愿望又有什么相干？那时候那样着急，怕他

们打起来，不也还是打起来了？[1]

　　继续沿着张爱玲内心的这条裂缝，再来探测她的"前后期"之关系。在一方面，在移居海外的那个"后期"阶段，仍是从市井生活的实利逻辑出发，"她会怨恨胡兰成到了台湾以后，竟然不厌其烦地大写自己，——那是在继续利用自己的名声，是在没完没了地消费自己，是占了自己的绝大的'便宜'。所以，张爱玲发笔要写《小团圆》，其初衷当然是为了澄清和制止。"[2] 不过，在另一方面，又终究是从胡兰成的那支笔下，才流出了她最让人神往的"前期"，以至于等到当事人全都辞世以后，真正能在读者心中存留下来的，且还活灵活现地展现了她过人天资的，也正是张爱玲在他看来的这个"前期"。

　　　格物完全是一种天机。爱玲是其人如天，所以她的格物致知我终难及。爱玲的聪明真象水晶心肝玻璃人儿。我以为中国古书上头我可以向她逞能，焉知亦是她强。两人并坐同看一本书，那书里的句子便象街上的行人只和她打招呼，但我真高兴我是与她在一起。读

1　张爱玲：《小团圆》，北京：十月文艺出版社，2009 年，第 209 页。
2　刘东："那就爱这个'错'吧：也谈张爱玲的《小团圆》"，《自由与传统》，北京：北京大学出版社，2015 年，第 404 页。

《诗经》，我当她未必喜欢《大雅》，不想《诗经》亦是服她的，有一篇只念了开头两句："倬彼云汉，昭回于天"，爱玲一惊，说："啊！真真的是大旱年岁。"又《古诗十九首》念到："燕赵有佳人，美者颜如玉，被服罗裳衣，当户理清曲。"她诧异道："真是贞洁，那是妓女呀！"又同看《子夜歌》："欢从何处来，端然有忧色。"她叹息道："这端然真好，而她亦真是爱他！"我才知我平常看东西以为懂了，其实竟未懂得。[1]

于是在这个问题上，也便如我已明确指出的："可如果从艺术的逻辑看，相形之下，偏偏胡兰成又把她写得何等动人，——也正是他的那些写作才触动了我，教人不由想起了那句老话：'少女会歌唱失去的爱情'。事实上，正是在他的那些精妙的描摹中，才更加展现了她冰雪聪明的一面，就算他是为了炫耀和谋生也罢！"[2]照我看，就连讲那些死心塌地的"张迷"，是不可能离开胡兰成的这些描写，那都还显得太不够味儿了，——这话没准儿应该反过来说：那些人反而是先读过了这些描写，才从心理上被塑造成了"张迷"的。

---

1 胡兰成：《今生今世·民国女子》，北京：中国社会科学出版社，2003 年，第 158 页。

2 刘东："那就爱这个'错'吧：也谈张爱玲的《小团圆》"，《自由与传统》，北京：北京大学出版社，2015 年，第 404—405 页。

同样地，还是沿着张爱玲心中的这条裂缝，我们在一方面，也很容易理解她此后的选择，包括她决意要跟胡兰成"决裂"，以及由此又给自己带来的"前后断裂"："再从生活的逻辑看，她后来的选择也着实透着精明：甩开他、找美男、去美国、嫁老外，全都是标准上海滩头的风格，即使到了现在也照样屡见不鲜，——几乎把什么都算计到了，就是念不到什么'爱'，也不会留恋什么'情'。"[1]而对张爱玲的这个不可否认的，当然是不无残酷的侧面，我们还可参考一下作家梅娘的看法，毕竟这两人当年有过"南北"的并称，在彼此间会有更多的体察与了解："北京这几天，中央台正在放映张爱玲的《倾城之恋》的电视剧，尽管电影导演增加了许多小故事，基本上体现了张爱玲的衷情，那就是冷眼看人，人在尔虞我诈当中互相伤害，全是坏心眼，看得你浑身披冰浴雪……其实这也是张爱玲的悲剧，她没有爱心，以至于生活在荣誉的冷光当中，直到逝世。"[2]

可在另一方面，在那一层"精明"或"实际"的背后，张爱玲向着自己"后期"的这种戛然的"断裂"，却也有不那么"精明"或"实际"的一面。而且她这种选择的"不精明""不实际"

1　刘东："那就爱这个'错'吧：也谈张爱玲的《小团圆》"，《自由与传统》，北京：北京大学出版社，2015年，第405页。
2　梅娘等：《邂逅相遇：梅娘·芷渊·茵渊书札》，北京：人民文学出版社，2011年，第202—203页。

之处，还越到后来就越会后果严重地暴露出来。——其中的原因，当然还在于那同一个：除了市井谋生的实利逻辑之外，在她心里还另有一种艺术的超脱逻辑，而且，越是到了实用逻辑不太凸显的时候，说白了就是越到了她衣食无忧的时候，那后一种逻辑的"无用之用"就越会凸显，从而自然要演成其主要的心病。

可如果从艺术的逻辑看，张爱玲在离开胡兰成之后，也就脱离了自己一生的创作高峰，只还在用各种文体来回首当年，而反复地絮叨着同一话题，——《色戒》是在说这个，《小团圆》也是在说这个，无非是想在没道理之处，硬讲出一点什么道理来，好抚慰或圆场自己余下的残生。

甚至，《小团圆》根本就把自己赴美后的大半生，视同于一片清寂冷酷的虚空，除了替那位美国老人打过胎，留下了不值一提的隐痛之外。——好像是只有跟从着胡兰成，自己才算是真正生活过，那是她一生的高峰体验，而且正是那次高峰体验，才使她成为了大写的人。[1]

这就是我从张爱玲那里看出的、相当吊诡乃至诡异的"前后

---

1 刘东："那就爱这个'错'吧：也谈张爱玲的《小团圆》"，《自由与传统》，北京：北京大学出版社，2015年，第406页。

期"关系。它最折磨人的地方在于，你越是刻意选择了"断裂"的人生，人生反而对你就更加显出其"连续"的一面了，或者也可以说，它也就越发显得不能被"割裂"或"切断"了。而且，也正因为人生中这种绵延的"连续性"，你在"前期"中所犯下的某种"错误"，到了"后期"里反倒又在某种程度上，会转换成某种意义上的相对的"正确"。这在很大程度上又是因为，你在此后所刻意进行的那些"改正"，正由于忽视了人生的不可割断性，偏又演成了一个拖得更大的、一错再错的"错误"。——不过，如能坚持把这本虽在成就上不如"前期"，却又相当引人好奇的《小团圆》读完，我们终究还是会不无欣慰地发现，直至这位女作家写到了最后几页，她才终于用一场半真半假的梦境，半推半就地向读者们承认，自己已不再坚持以往那种"割裂"了。

　　她从来不想要孩子，也许一部份原因也是觉得她如果有小孩，一定会对她坏，替她母亲报仇。但是有一次梦见五彩片《寂寞的松林径》的背景，身入其中，还是她小时候看的，大概是名著改编，亨利方达与薛尔薇雪耐主演，内容早已不记得了，只知道没什么好，就是一只主题歌《寂寞的松林径》出名，调子倒还记得，非常动人。当时的彩色片还很坏，俗艳得像着色的风景明信片，青山上红棕色的小木屋，映着碧蓝的天，阳光下满地树影摇晃着，有好几个小孩在松林中出没，都是她的。之雍出现了，微笑着把她往木屋里拉。非常可笑，她忽然羞涩起来，两人的手臂拉成一条直线，就在这时候醒了。二十年前的影片，十年前的人。她醒来快乐了很久很久。

这样的梦只做过一次，考试的梦倒是常做，总是噩梦。[1]

于是，一旦读到了她最后的这场梦，终于也使我如释重负地写道："等我这次终于看到了，她最后竟能笔锋一转，表示自己终归还在留恋他，我却大大地为她松了口气。——我是真心地替张爱玲高兴：她毕竟还能够有所留恋，还能够有所宽容，还能够平心地回看自己的人生。而再联想到此书的标题，也许这就算是所谓'小小的团圆'吧？"[2]

这位女作家"前后凌乱"的一生，会对我们有关"前期与后期"的总体理解，带来什么样的教训和启发呢？——那么就再来总结一下，首先，"如果回到这个故事的起点，当初竟能胡乱爱上这么个人，那毕竟还是要属于一个'错'，而且当初犯下了这

1　张爱玲：《小团圆》，北京：十月文艺出版社，2009 年，第 283 页。
2　刘东："那就爱这个'错'吧：也谈张爱玲的《小团圆》"，《自由与传统》，北京：北京大学出版社，2015 年，第 409 页。

样的'错'，还是跟她所说的'出名要趁早'，有着绝对抵赖不掉的联系，——否则又怎会在那个错误的年代，在别人不得不蓄须明志的年代，沾染上一个明显错误的他？"[1] 不过，真正能从这里找出的教训，即使存在也还是很表浅的，谁还能保证一辈子都"不犯错"呢？因此，恐怕更加要紧的，还应是下边的这番道理："就这么个绝对不争的'错'，在她此后的生命旅程中，却已属于不可磨灭的刻痕，而且越是把日子过到了后来，那第一次究竟是怎么发生的，已显得不再重要和不可追究了，——只可以说，缘分在这里表现为命运，而命运也已表现为彼此的缘分了。"[2]

再把思绪提升一步。实际上，我们的人生也从来如此，并不会因为有谁害怕"犯错"，就果真让他（她）不再"犯错"了；正相反，只因为害怕"犯错"便不再前行，那本身就属于人生中更大的"错"。说到底，那会把你全部的精力都给耗光，把你整个的生命都枉然地虚度，因为在绝对不可逆的时间进程中，即使是什么事情都没发生过，这条命还是会从手边哗哗流走，到头来让手边只剩下了指头的缝隙。因此，正是在这一点上，对于任何人都只有一次的生命，也就严苛地显出了它的"不可更改

1　刘东："那就爱这个'错'吧：也谈张爱玲的《小团圆》"，《自由与传统》，北京：北京大学出版社，2015 年，第 406—407 页。

2　同上书，第 407 页。

性":"对于义无反顾的人生而言,一旦这场'错爱'已然开始发端,她整个的个人命运也就已然转变了。——她已经不再属于一张白纸,由此,就算她想要重新开始对于自己的描画,也只能将就着和避让着旧有的痕迹,那纸面的空间必然会显得更加狭小逼仄了。"[1] 当然,如果就张爱玲的特定案例而言,又不得不进一步承认,她大概比别人更难于重新开始,"因为前边那个人的高度,也就构成了她重新开始的难度,终会让她'曾经沧海难为水'。——那个人总会如影随形地,成为暗中对比的参照系;那个人总是挥之不去的,成为她毕生的命运或宿命。"[2]

在这个意义上,通过对于"前后期"关系的反省,我们居然出乎意外地、又如梦方醒地发现,原来在必须走过的"生命历程"中,还存在着这么一种"对与错"之间的辩证法。既然生命对于任何人都只有一次,而且谁也不可能担保自己从不"犯错",那么,看来我们唯一可以"做对"的事情,也就只剩下努力地再进行"将错就错"了。——不过,在这里利用"将错就错"这个成语,并不意味着去因循以往的解释,只是在别无选择地"破罐破摔"了;恰恰相反,正如我在一篇回顾中重新定义的:

---

1 刘东:"那就爱这个'错'吧:也谈张爱玲的《小团圆》",《自由与传统》,北京:北京大学出版社,2015 年,第 407 页。

2 同上书,第 407 页。

相形之下，我从未像萨特那样幸运过，就连此生以思想为业，也并非出于儿时的主动选择，更不是出于当个"万人敌"的壮志，而不过是将错就错罢了。然而即使这样，我却看不出像萨特那般悲观的理由。也许，就人类的命运而言，不管是个体的道路，还是群体的道路，乃至总体的道路，终不过就是将错就错而已。世上本无那么多正确，你只能在压歪了的车辙上，深一脚浅一脚地前行。然而，恰是在将错就错的时候，我们在人生和文明的轨迹中，却渗入了自己顽强的心力，渗入了修正错误的努力。在这个意义上，将错就错这种行为本身，就意味着找寻着正确与光明。[1]

1　刘东："人生不过是将错就错"，《道术与天下》，北京：北京大学出版社，2011 年，第 422 页，着重为这次引用时所加。

九、为何写作与何时写作

根据我个人的体会，且不说当年那种充满古风的、对于人生"三不朽"的事业排序了，即所谓"太上有立德，其次有立功，其次有立言"，[1] 就算业已把它明确排到了"立德"与"立功"之后，而且还到了自己已确有余力的时候，孔子也不会多么看重所谓"立言"的活动，更不会自始至终都只在斤斤计较——到底由自家写出了什么。更不要讲，还把它当成了人生的第一要义，否则，他就不会以"述而不作，信而好古"[2] 来自况，更不会把这种如今认定为唯此为大的专业活动，一直拖到自己收山以后的"晚期生涯"了。毋宁说，即使不说那些更为要紧的事功，那种对于"礼崩乐坏"的收拾与挽回，孔子真正在心中念念不忘的，也更在于自己究竟想明白了没有，或者说，更在乎自己能达到的智慧

---

1 《左传·襄公二十四年》，《十三经古注》第六册，北京：中华书局，2014 年，第 1379 页。

2 《论语·述而》，《十三经古注》第九册，北京：中华书局，2014 年，第 1977 页。

程度，以及周边是否还有人更富于生命的智慧？——说到这里，如果大家又能循此联想到，在公元前5世纪的那几大"圣哲"中，其实还唯独只是在孔子的名下，总算还是有一册成本的著作，即便这也只是被弟子们给辑录的，那么，我们就能对"轴心时代"的恍若隔世的文明风尚，获得更富于历史感的体会了。

可是，再来看看我们的当下吧。先别管这到底"是福是祸"了，反正头顶上已是斗转星移，进入了所谓"不出版，就灭亡"的时代，哪怕肚里再没货也得干挤出几篇，就算只是在百无聊赖地"为稻粱谋"。——然而，就算也不得不应付这样的变化，如果能沉潜到更加深入的层面，或者还想能更对得起自己一点，那么，在像个"写作机器"一样不停地盲动，直到把身体的哪个部件给彻底磨坏之前，我们还是最好先来迟疑或反刍一下，哪怕就像萨特当年那样去自问一下，我们的确是生来就"非得写作"的么？当然，萨特当年的原话还不是这样的，他当年追问的话题是"为什么写作"，并且还主要是以"文学写作"来示例。不过，此中的道理总还是大体相通的，即不能在写作的无穷盲动中，反而弄丢了正在写作的这个"自我"。——在这里，如果还用萨特式的术语来表述：那就是在一方面，写作是为了证明自己的"存在"，当然与此同时，也是为了让原本并无"本质"的世界，因了我的"存在"而获得一点改变，或者说，是让我作为个体去积极地"介入"社会，从而向外部世界赋予独属于我本人的定义。

但如果由我们自己来订出制作规则，确定方法，立下标准，如果我们的创作冲动出自我们内心深处，那么我们在自己的作品中除了我们自己以外，就再也找不到任何别的东西了。用以评判作品的法则，是我们自己构想出来的。我们在作品中认出来的，正是我们自己的历史、自己的爱和自己的欢乐。即使我们看着它而不再进一步去碰它，我们也决不能从中领受到那种欢乐或爱。我们把那些东西放进作品中去了。我们从画布或纸张上取得的效果，对我们似乎绝不是客观的。我们对产生那些效果的方法是太熟悉了。这些方法仍然是一种主观上的发现，它们就是我们自己，是我们的灵感，是我们的计谋；当我们要想见到我们的作品时，我们就再一次把它创造出来，我们在脑子里重复这个作品的各个制作过程。它的每一个方面都作为一个效果显示出来。因此，在观念中，客观成了本质的东西，而主观却变成非本质的了。[1]

1　让－保罗·萨特："为何写作"，《萨特论艺术》，欧阳友权、冯黎明译，桂林：广西师范大学出版社，2001年，第131—132页。

可在另一方面，也正因为它足以带来这类转变，萨特接下来却又笔锋一转，强调所有这类"属于自己"的写作活动，又不能只是在为了"作者自己"。如果再用萨特的理论术语来叙述，那是因为你一旦进行了这种写作，或者说，一旦在创作中打上了自己的"本质"，那么，它随即就在这样的"客观化"中，又在别的主体那里转变成为"非本质"的了。——也就是说，毕竟阅读这些作品的就不再是"作为作者"的你，而只能是"在你身外"的其他读者了。

　　说一个人写作只是为自己，那不符合实际。只为自己写作是十分糟糕的，在你把你的感情投射在纸面上时，你只不过在设法使这种感情做无力的延伸而已。创作行为在作品创作中只是一个不完整的抽象的瞬间。要是作者是孤立地存在的话，他就可以随心所欲，他爱写多少就写多少；作为客体的作品将永远不能问世，而作者也就不得不放下笔来，或者陷入绝望之中。但是，写作活动包含着阅读活动，后者与前者存在着辩证的联系，而这两个互相联系的行为需要两种截然不同的代理者。正是由于作者和读者的共同努力，才使那个虚虚实实的客体得以显现出来，因为它是头脑的产物。没有一种艺术不为别人或是没有别人参加创造的。[1]

　　那么，再将这一番道理代入今天的情势，会让我们触类旁通地想到什么呢？——这理所当然就会意味着，不能仅仅因为当下的这个社会，已把写作强化成了所有学者的"规定动作"，我们就只去心安理得地、无休无止地写作。尤其是，不能仅仅因为当下的这个社会，还进一步规定了必须在"什么时候"写作，必须针对"怎样的内容"去写作，以及必须按照"什么样的格式"来写作，甚至必须在写作中得出"怎样的结论"，我们也全都唯唯诺诺、言听计从，以便亦步亦趋地画好这个"圆"。比如，按照规定的当下常例一定会是：为了解决职称就只能"赶早不赶晚"地写作，并且最好先混到国家基金项目，再拿出小学时代"描红"的刻板劲儿来写作。要是如此这般的"不敢越雷池一步"，那么，别看也算是爬了一辈子的"格子"，真到了披沙沥金、盖棺论定时，你自己恐怕连什么都剩不下来。——更不要说，你本人也注定不会在这种写作中有所跃升，既然你原本就只是在低下了头颅之后，才附身钻进了那个低矮而恶臭的鸡笼。

　　因此，为了不让全部的写作都沦为盲动，我们从一开始就

1　让－保罗·萨特："为何写作"，《萨特论艺术》，欧阳友权、冯黎明译，桂林：广西师范大学出版社，2001年，第133—134页。

必须反思清楚：此生到底是在"为什么写作"？也就是说，除了那种功利性的"为稻粱谋"的浅近目的——这一点在学术生涯的初始阶段，恐怕大多数人都难以"免俗"——还应为自己预设和保藏更加深远，从而也更为耐久的内心动机。比如，为了发挥本人的生命潜能而写作，为了提升自己的精神境界与人格高度而写作，为了寻求更加合理的"人生解决方案"来写作，为了追求哪怕只是相对的社会改进而写作，乃至于，为了子孙后代得以更加幸福，或者至少不再忍受我们正忍受的痛苦而写作。到头来，这样的动机肯定会表现为更加强大的人生引擎，从而也会支撑起更像一场"马拉松"的学术生涯。——比如，也正是基于这种对抗性的理解，我才在那一套四册的《〈中国学术〉十年精选》前头，以书中这四组偏偏不被环境所决定的"例外"佳作，来说明无论当今学界被说成怎样的堕落，只要你自己的良心还没跟着直线下坠，而不计较是否在短时间内得到承认，以及是否由此获得的各种虚妄的赏赐与封号，那么，你就仍可以用自己坚忍的努力来证明，毕竟在偌大的、历史传统如此悠久的中国，真正称得上"研究"的这种严肃学术，还是不会被横蛮的外力给彻底荡平的。

越来越显然，已经很少有人不再抱怨那个既外行又强势的学术体制了，却又很少有人能够摆脱它那全能型的"宰制意志"。网上甚至有人用这样的语言，来夸张地形容它那吞噬式的诱惑——"你要我的钱，我要你的命"。正因为这样，也就难怪有年轻学子在模糊的对比中，恍然觉得就连那个战乱频仍、物价飞涨、且经常欠薪的民国时代，都要比现在这种窒息的氛围更适于做学问。

可是私下里，自己却在内心唱着反调：即使在思想禁锢时期的苏联，不也还出现了肖斯塔科维奇的音乐么？即使在已被炸成残垣废墟的列宁格勒，老肖不还是写出了他的《第七交响乐》么？所以说，相对于"并非衰落"的民国学术本身，我们这一代人更应当记取的，还是当时的学人以内心中的坚持、以"不被决定"的坚毅精神，来守护他们毕生挚爱的学业。设非如此，他们又岂会在如此艰危的时局中，为我们留下了可供承继的一线学脉？[1]

至此也就可以断言了：尽管从一方面来看，就当代的特定就业形势而言，大家似乎就是非要先写出点什么，而且是必须趁着年轻就写点什么，否则就不可能安下自己的那张书桌，人家就根本不会承认你"做学问"的资格，就不会让你安安稳稳地以做学问为业；可从另一方面来看，就智慧成长的内在要求而言，又切

---

1 刘东："未被决定的'例外'"，《文汇报》2014 年 7 月 1 日，第 11 版。

不可只是多多益善地去"码字"，异化成了所谓的"写作自动主义"，因为那恰恰有可能空耗掉了生命。再考虑到上文中所讲的，那种死抱着自己的"前期"，从而终究沦为了笑柄的情况，那么，这样做也就可能像吐出丝团的虫子那样，以恰恰是从自家口中吐出的又逐渐变得密不透风的老茧，倒把自家的心智给团团地包裹住了。——再换个更简捷的说法就是，即使你已经感到必须进行写作了，也至少要积极地坚持是在"人说话"，而决不能消极地沦为"话说人"；否则的话，也就有可能如曼德尔斯塔姆的诗中所云：

> 已经说出的话，并非出自我的嘴
>
> 而是从土里挖出来的、如同石化的麦粒。

上面这席话，绝不是什么无聊的说教，恰正乃我本人的甘苦之言。回顾起来，尽管很早就开始了写作的生涯，而且也差可算是"一举成名"了，甚至我在自己的"成名作"中，还心情轻松地呼吁着动笔——"更何况，我们都还年轻，只要我们不失去这一点儿起码的真诚，那么，所有我们可能犯下的错误，我们也都可能再用一本更像点儿样子的书去改正"[1]。可实际上，我本人从

---

1 刘东:《西方的丑学·后记》，成都: 四川人民出版社，2018 年，第 306 页。

来都并不主张多写。或者更确切地说，至少是在生命的某个阶段中，我是决不主张"多多益善"地纵笔，更不主张"跑马圈地"式的横抹。换句话说，我并不看重那些外在的东西，哪怕那也属于自己一时的心血，而只将其轻松淡然地看成了，无非是从渐长的身体上蜕去的、已然变窄变硬的一层死皮。——此外，即使也是不得已地写作了，甚至也去不得已地发表了，我也只是带着"试试看"的心情，并不把那些试笔看得多么重要：

> 对于自己过去如"飞鸿踏雪泥"一般留下的手迹，我向无自信之心和自珍之情。有些文稿在南搬北迁时被我信手烧掉了，又有些文稿被拿去发表的杂志社给糊里糊涂地弄丢了，我都觉得这很平常，根本就值不得为之呼天抢地。至少迄今为止，写作之于我，仍只是练习思想和整理思想的一种手段，就像我在琴房里唱过的那些练声曲一样，绝无登台表演的意思。[1]

当然，即使是在"练唱"或试笔的阶段，这种写作也绝不会是没有任何意义的。不过，此间的微妙区别却在于，一旦放到"前期与后期"的框架下，写作的意义又要取决于对它的理解。

---

1 刘东："学着思想"，《用书铺成的路》，北京：北京大学出版社，2010 年，第 66 页。

也就是说，如果仅仅是在"为稻粱谋"，或者为了"扬名立万"，那么，这种前期阶段的"早熟"写作，就很有可能"对作者而言仅仅意味着'付出'，也就是说，由于在下笔之初就未曾意识到自身的心智局限，而只想'竹筒倒豆子'般地把一种现成在手的真理付诸纸面，所以有些人在文章杀青之后反而会茫然失措，脑筋像泡久了的茶叶一样淡而乏味，充其量也只会'不抄别人专抄自己'而已。"[1]——不客气地说，这种本应属于"不正常"的情况，在当今学界反而恰是"最常见"的。可反过来说，若能像夫子所讲的那样，不再去仿效"今之学者为人"，而能去学着"古之学者为己"，那么，作为企求思想成熟的表现形式，这种"写作活动却也可能意味着'获得'，也就是说，由于从一开始想要征服的就并非任何外在的东西，而只是自身精神视野的界限，所以对于某些试笔者来说，真正重要的就并非'曾经想过什么'，而唯在于'曾经想过'！那些思想的练习簿，无非是一件件穿得破旧和狭小了的衣服，而从它们中间挣脱出来的，则是作者逐渐成长起来的精神高度。"[2]

进一步说，就我这代人的特殊际遇而言，我在这里强调恢复治学的"古风"，还另有一层很特殊的意思在，那就是拒绝因为

1　刘东："学着思想"，《用书铺成的路》，北京：北京大学出版社，2010 年，第 67 页。
2　同上。

早岁的蹉跎和生命的迫促，甚至因为"前后期"几乎已被挤压到了一起，就索性只去"因陋就简"地、权且如此地写作，从而把自己此生仅存的那点心血，全都抛撒在空荡荡的文化废墟上。这是因为，如果从所谓"立言"的基本要求出发，我们这代曾经被迫辍学的"苦命"人，在可能性上可说是最为"先天不足"的。

> ——如果在正常的太平年月，一位选定了学术生涯的人，只要能做到"学而优不仕"，而又能"读百家书，成一家言"，那已经算是大功告成了，而且也已经"很不简单"了。可我们呢，却是从"文革"废墟中走来，刚刚经历过焚书之祸，原有的学术脉络多已断绝，想要简单继承已不可能，只能去一边阅读自家的古书，建立起文化的"主体性"，一边翻译舶来的洋书，建立起跟世界的"对话性"，此间的难度可就大了去了！[1]

如果从外在的客观情势而言，这总要限制我们的"创造可能"，尤其是会限制我们的"前期创造"。所以，无论我们是否打算就此"认命"，都必须先认清命运的这种"弄人"，再来讲自己

---

1 刘东："代后记：长达三十年的学术助跑"，《思想的浮冰》，上海：上海人民出版社，2014年，第332页。

是否禀有无畏的气概——恰好比先要走到希腊悲剧的舞台中心，再来检测有没有抗争"命运"的力道：

> 当然有干脆就因陋就简的，也就是说，既然从"文革"的余烬中走来，年龄已经老大不小了，考虑到已是时不我待，索性只去"砍柴"不去"磨刀"，采取了"以量代质"的障眼法，可着劲儿修补和铺陈旧说，以博取各种半真半假的功名。——然而，至少就我的内心而言，却不愿就这样"认命"，因为九九归一，对于创造性的工作而言，在"最差的"和"中等的"之间，终究不会有实质性的差别。所以，徒有"著作等身"的热闹假象，也顶多能蒙混过学术的官僚，而绝对骗不过子孙后代！[1]

进一步说，又该怎样来抵抗这样的"命运"呢？——我曾把自己所面临的困境，或者说，把自己必须跨过的巨大障碍，概括成"译百家书，立一家言"这八个字。也就是说，如果你已经明确地意识到，决不能就这么"因陋就简"地、马马虎虎地、将就

1　刘东："代后记：长达三十年的学术助跑"，《思想的浮冰》，上海：上海人民出版社，2014年，第332页。

对付地写作，而希望真能来到世界学术的框架下，去展开对于传统文化的吸纳反刍，对于世界文化的收视反听，和对于未来文化的宏大构想。那么，你就必须把"从鸠摩罗什到王阳明"的漫长历程，全都给收纳到自己生命的企划中，换句话说，是压缩到短短"这一代人"的生命历程中。此外，你还必须充满警觉地意识到，不管这种使命是何等的匪夷所思，它对于我们这代人还显得特别紧张迫切，甚至构成了天下生民"能否得救"的关键。这是因为，只要我们尚不能完成这样的使命，就终究无法构想出"中国文化的现代形态"，而我们也就终会既有负于自己所属的时代，又有负于自己获得的这次生命。

即使如此，我也并不是没有相应的思想准备，去接受终究还是"未完成"的结局。早在写于二十多岁的处女作中，我就借着《浮士德》的"事业悲剧"，非常明确地道出了这一点："这里的象征意义是极为明显的，歌德借此表达出了人类从必然王国走向自由王国的强烈事业心。然而，他却又清醒地认识到，相对于这样一种伟大的事业来说，绝没有任何一个有限的生命可以走完这条通向自由的无限之路，绝没有任何一个人可以有足够的天年看到靡非斯陀的无条件投降。"[1] 再具体落实到自己身上，那么此种"命运"就很可能意味着，还根本没熬到完成"译百家书"的任

1　刘东:《西方的丑学》，成都：四川人民出版社，2018年，第159—160页。

务，学术的生涯就眼看着要结束了。——不过，就算已被悲惨地"命定"为如此，就算自己的"抗命"终会是"一场空"，我仍然不愿意太过"精明"地将就着、对付着写作，从而绕过了前边那个必经的阶段。既然自己已经明确地意识到了，如果不能在世界学术的范围内，先尽量去拓宽养大自己的心智，那么，太过匆忙潦草的、仅仅是"为了写作"而进行的写作，就终究都会沦为无用功，都会化为无根的游谈。

一旦再把上述的这种困境，代入整个这篇"导言"的语境，那么，也就凸显出了这样一种尴尬，即这一代曾经被迫辍学的学人，其实从来都谈不上什么从容的"晚期"，而很可能就只能迫不得已地再把自己治学"前期"和"后期"，给勉为其难地挤压到了一起。既然如此，也就不难理解总有人要"抢先发表"了，因为他们刚一开始就已经在"筹划结束"了，或者说，他们的"前期"原本就被并入"后期"了。呜呼！如果人生原本"苦短"，而文科学者的学术生命，相形之下则更苦和更短，那么，我们这一代的文科学者，又可能属于最苦和最短的了。——君不见，即使没有十年浩劫的耽误，等写到下边大家也会发现，这类悲剧在很多文科学者那里，尤其对那些越是想把"学问做大"的学者，往往都源于"前后期"的过于失衡。或者说，都是因为一个过于辉煌的"前期"，才被连接上了一个过于迫促的"后期"。

不过，仍从这个角度来看，自己也可能有点"不幸中之万幸"。也就是说，尽管忍受过如此不幸的"早年"，在"最该求学"的年代偏偏无书可读，甚至在彼时读书还算是"一种罪过"，可此后就这么一路坚持走下来，也是"幸赖"各位译者和编者之襄助，却又发现自己竟也算不无"侥幸"了。——这种"侥幸"一方面表现在，那个"译百家书"的艰巨任务，虽不敢说已经到了收工阶段，可毕竟已经具备了相当的规模，也使我们大体与世界学术同步了。正因为这样，我在为另一套汉学丛书再做序文时，才会有自信毫不夸张地写道："如果在上次作序的时候，我们对于西方同行的工作还只知一鳞半爪，那么今番再来作序，简直就像在介绍老朋友的一些新作了。"[1]而另一方面，直到此时我才猛然回过味儿来，自己竟还远远没露出"衰老"的迹象，精力仍和年轻时一样充沛，换言之是仍处在创造的"盛年"。

我曾经引用过一句"毛诗"，来表达此时感到的惊喜之情，——毕竟这原本属于"知其不可"的事情，却不知怎么埋头干着干着就做完了。

正因为这样，眼下更值得庆幸的就是，在那本杂志（即《中国学术》）熬成了学界公认的传统以后，在我与

---

1 刘东："对话中变迁的'中国'——《喜玛拉雅学术文库·阅读中国系列》总序"，《用书铺成的路》，北京：北京大学出版社，2010年，第112页。

此同时所精选出的学术著作——既包括海外的中学，也包括海外的西学——也已经由翻译、编辑和印刷，而进入了汉语的阅读空间，从而拉近了同国外学界的距离之后，居然还能发现自己"踏遍青山人未老"，而终于等来了另一波的高峰状态，还来得及把自己多年来的所思，尤其是为了完成那些前期工作而广泛阅读的心得，以尚不算太过仓促的心态铺陈出来。——由此也就足见：只要能够抓紧和愿意释放，人生对我们而言，就还可以显得稍微长一点！[1]

我还曾经用"咏叹之年"这样的说法，来表达此时感到的生命意识，以提醒自己如果还想做点什么，以表达自己毕生达到的进境，那么也正可说是"此其时也"了，而决不能有一丝一毫的懈怠——

　　如果我们把人生比作歌剧，那么自己眼下正在经历的这个盛年，也就正好比人生的咏叹之年。一方面，这无疑是最清楚地意识到生命限制的年岁：此时已不再有从头补课的机会，你以往曾经学会了什么，现在就只能

1　刘东:《天边有一块乌云·后记（拟）》（实际成书未收）。

去做什么，从而将来也就只能成就什么。但另一方面，这却又是一个最接近于超越自我极限的年岁：与当下正面临的突破相比，以往的作品有可能太过稚嫩，以后的脑力又有可能有所衰减，全都算不得数，因而只有此时此刻的手笔，最接近于成就一生的功业。[1]

当然，这事要是换到了"精明人"那里，如果他想要为懈怠找辙，还照样可以找到懈怠的理由。君不见，"造化"居然是如此"弄人"，都已挨到了不需要什么"成果"，去"证明自己"或"邀功请赏"了。或者说，到这时写作已没什么"实际"的用途了，在"学术经济"上也没有多少效果了。可偏偏就在人生的这个阶段，由于既意识到了"晚期"写作的重要性，也意识到了几十年来积攒的可能性，我反而空前地感到了写作的紧迫性。——不待言，这种心理上的紧迫感还是来自，我同时也是警觉而叹惋地意识到了，即使自己"侥幸"地获得了这个"晚期"，它也仍有可能是为时短暂的，甚至稍纵即逝的，是很容易又被什么"偶然性"给突然打断的：

---

1 刘东："这一年：我的咏叹之年"，《道术与天下》，北京：北京大学出版社，2011年，第 iv 页。

前不久，作为学术上的过来人，我曾向一位年轻学子这样进言："当然一个人最初不能不写，否则社会在无法了解其素质的情况下，不会给他这样一种学术工作。但我主张一上来不要写得很多；一方面是那时候写得不成熟，说不定反而给将来留下陷阱，还要麻烦自己写文章去更正；另一方面是写得没有读得快，所以强行多写的人，反而不容易达到相应的阅读深度，达到精神的饱满与成熟，而往往只是早熟。——然而，等到你的精神真正成熟了，等到你真觉得有那么多话要说了，这时候你一定要坚定不移地写！在这方面，关键是要掌握那个最佳时间点，因为再晚的话，你会走向衰老，带着你的一肚子学问去殉葬。"而此刻，再从信箱中找出这些话之后，倒觉得这些顺手写下的经验之谈，其实也可以用来安慰自己呢，——只要老天还能假我以年，或者说，只要悬在天边的那块乌云，还不至于太早地向头顶卷来！[1]

1　刘东:《天边有一块乌云·后记（拟）》（实际成书未收）。

十、学术经济与现代大学

前边那个"学术经济"的提法，如果没有什么"撞车"的巧合，就只算是我本人琢磨出来的吧？而相形之下，人们更经常议论，还往往津津乐道的，则不过是"学院政治"而已。或者说，既然有人群的地方就准有政治活动，就准要出现对于资源的控制调配。那么，即使并不了解"学院政治"这种说法，人们实际上也是须臾离不开它，不管是特别长袖善舞而精于此道，还是落败或沉沦于这种人际关系中。——然而，进一步说，至少是根据我自己的，也是大大迟到的体会，除了那种要命的"学院政治"之外，在我们现今的学术生涯中，还另有一种同样要紧的"学术经济"。它虽则并不成文，却又屡试不爽地，基于经济学的计算方式发出指令，要求即使在"做学问"这种看似高雅的场合，也必须像经商一样地讲究"投入—产出"的优化比率，从而终究以较少的精力投入或学术准备，来博取较多的成果、承认与声望。

不可否认，如果只遵循这样的"经济"原则，我们就可以干净利落地推导出来：要是能有这么一位聪明人，以自己最微不足道的，简直是"能不读就不读"的阅读量，和最无须伤脑筋的，也根本"不追求什么创见"的写作方式，便已然获得了社会的广泛承认，乃至业已被公认为"学术名家"，那么，这才算得上是最经济的从而最合理的成功方式。因为只有如此去省力和讨巧，而不是以往提倡的"衣带渐宽"和"皓首穷经"，才能够贴合经济学的"第一原则"，即以"最少的投入"来获得"最多的产出"。当然，这样的推导听起来似有"荒诞"之处，甚至仿佛像是一种"黑色幽默"，不太符合人们对"大学者"的通常印象。因此肯定也是在什么地方出了问题的，或者至少是不够全面的。可即使如此，我们还是不可能全然否认，当下的学界就是受制于这样的"经济规律"。比如，一般来讲，一个人在已然查出绝症、明知来日无多时，至少是不必再去从头学一门外语了。由此又油然联想到，那年我到斯坦福大学去客座，在自己办公室门口的广告栏中，就曾经直截了当地告诫着学生："To study wiser, not harder"，——这句话翻译成中文，不正是在倡导"更精明而非更费力地学习"吗？

当然了，如果再回头来省思，一旦把这种简单的经济学规律，照搬到我们的学术生涯中，就算它并不是全然不起作用，大概仍有着相应的局限性。而说来不无伤感的是，其实最要命的问题还在于，在选择这个"学术生涯"之前，谁也没本事像孙行者那样，能"一个筋斗"翻到阎罗殿里，先看看自己还有多少阳寿，乃至到底还能再做多少年，是五十年，或者三十年呢，还是只有十年五年，乃至只有一年？既是这样，在充满了偶然的脆弱人生中，就总会有个"两难"摆在面前。要么是，进行学术准备的时间太多，让禀有的可能性超过了斩获的现实性，到头来只能壮志未酬、抱憾而终，让身后的弟子们都为之感伤嘘唏。要么是，进行的学术准备又明显不足，把可能性很快就兑换完了，而此后只能重复性地混混日子，让学界的同行们都暗地里瞧不起，更让身后的学术史根本就不会验收。——天可怜见，真能把分寸把握得"刚刚好"的，也就是说，刚巧把"准备好"的全都"完成了"的，这种幸运儿就算有过也相当罕见，而充其量也只能做到大体平衡。

于是，这也就讽刺性地意味着，人生怎么看都像一场"赌局"。要么，就尽量多往"准备阶段"去下注，甘冒到后来"时间不足"的风险。要么，就尽量少往"准备阶段"去下注，甘冒到后来"寿多则辱"的风险。而进一步说，如果再拿戏剧的舞台来打比方，那么，前一种情节就应当属于"悲剧"，既然它带给人们的只能是眼泪，后一种情节则应当属于"喜剧"，既然它带给人们的只能是笑声。——耐人寻味的是，也正是从这样的区别中，才暴露出所谓"学术经济"的重大局限。因为悲剧人物能留给人们的印象，总还是要敞亮、正面和积极得多，他们即使完不成全部的心中预期，表现出的格局和气派也总要大得多，对于弟子的感召与影响也大得多。于是，他们也就借此把自己的心志传给了后人，从而既自然指出了学术的延伸方向，也暗中完成了学业的代际交接。而相形之下，那些喜剧人物就显得差劲儿多了，除了最初那点不值一提的工作，他们基本只属于混迹于学界而已。而且，由于在入手时太过急于求成，没用够功夫去夯实学术的根基，即使是那点刚入手的皮毛工作，也很可能只是奠立在沙滩上的。——既然他们并没有广泛地阅读、对比和探求，也没有真正沉下心去反刍清楚，自己所偶然选定的学科、学派和方向，会不会从一开始就有违世界潮流，故而从一开始就注定不会有什么前途？

更有甚者，如果我们再进一步追问，还会更深一步地，甚至不无惊诧地领悟到，这种格格不入、目光短浅的经济规律，所以会被荒唐地"误置"到了原本只是在"求道"或"树人"的学术生涯，更是因为在当今这种西化的教育体制中，那个被翻译成了"大学"的 university，其本身就是个含混不堪、以讹传讹的概念。撇开《礼记·大学》中原本无干的意思不谈，它那层在西文中看似"综合的"或"普遍的"原义，正好比一层看似严整划一、实则虫咬鼠啃的包袱皮，把原本具有不同学术取向与深度，因而势必要求不同"生命周期"的术业，都笼而统之、大而无当地给裹到了一起。如若不信，大家可以再转念回顾一下：早年间亚里士多德的雅典学园，或者后世里朱熹的白鹿洞书院，也会受制于这种"学术经济"的逐利原则，从而把人才催逼得既"早熟"又"早衰"吗？

大概在第一时间，大家就会给出这样的反应：那怎么可能呢？！——是啊，既然当年传授人文学术的手段，还是由人文学者自己来制定的，那么，不管一位后来人多么自幼聪颖，多么自信满满，只要来到了昔日的学园或书院里，就必须按捺住自己的性子，照正常的规律来度过"早期""中期"和"晚期"。而说到这里，又需要回过头来交代，在撰写前边的"人文学者的前期与后期""儒家生命周期的精义"和"渐老渐熟的生命打开"那几节时，我还是姑且悬置了现代"大学"所带来的这一层困难的，目的在于先来展示学术生涯的理想节奏，从而就"生命周期"建立起较为清晰的概念。——然而，随着论述内容的推进与深入，这方面的复杂性又是终究要代入的，因为一旦追究下去就势必会发现，这才是我们传统悠久的人文学术，在当今时代所遭遇的最大困难，而且，这种困境更属于从外部传来的，换言之它早是世界性的普遍难题了。

事实上，只有从这个角度才能看得出，由现行体制所规定的学术周期，至少对于文科，特别是人文学术而言，同它原本需要的正常"生命周期"相比，根本就是脱节的，错位的，甚至是人为在制造障碍的。因而，正由于我们所治的这种学业，乃是最为古老的、故而最需要古风的领域，所以，一旦把它跟别的可以速成的"专业"，不分青红皂白地都归并到一起，各种麻烦就只能催命般地接踵而来了。——比如，最容易理解的事情就在于，一旦陷入了这样的脱节与错位，对于那些尚且能沉住点气的，还在尊重本学科规律的，还想保留点古风的文科学者来说，在如此专断而划一的官僚管辖下，他们生命中那个最佳的写作时间，或曰真正属于"黄金时段"的迸发时期，就肯定对不上被"催促成绩"的节骨眼了。由此就可以说，只要是选择了人文学科的当代人，就已是先天地选择了"生不逢时"的境遇。因为他们在学术上的成熟期，是注定追不上年龄大体相仿的，却选择了其他速成行当的"同行"。这样一来，他们获得"正教授"职称的时间，就被"命定"为或"诅咒"为更晚。而全家人得以从容安排和享受生活的时间，也自然要被大大地、令人沮丧地向后推延。

再展开来说，也正因为这样的脱节与错位，在整个被西化了的现代世界，而且是全体的文科学术，实则都被从制度上逼到了墙根，逼到了左支右绌、两面尴尬的死胡同。——而说到底，这种学科在世界范围内的衰落，又正是因为它而陷入了下述的"两难"境地。

这种"两难"的一个侧面表现为，作为现代社会中的分工"职业"——而不是"树人"或"求道"的"志业"——人文学术的目的或指归，业已彻底沦为了"为人"而不是"为己"，而它的专业预设，也便被强扭成了"货卖与识家"。否则的话，就不会有人愿当这个"冤大头"，掏钱来支持纯属个人的兴趣。更加要命的是，这种对于学术货品的"产出"，或者这种对于写作成果的"交付"，还进而被规定了严格的"时效性"。这样，也就在一个最需要沉潜的领域，要命地提示了所谓"公共汽车效应"，也就是说，不管你是用什么法子"挤上车"的，反正只有及早"挤上车"来，才能在这趟公车上"占到座位"。否则的话，即使你后来只靠循规蹈矩，也终于登上了这趟公车，那么在相当的一段长途中，你也只有去受累站着了。由此又想起，美国的社会学家罗伯特·默顿，还恰是从我们的工作环境中，发现了知识社会学中的"马太效应"，即"相对于那些不知名的研究者，声名显赫的科学家通常得到更多的声望，即使他们的成就是相似的，同样地，在同一个项目上，声誉通常给予那些已经出名的研究者，例如，一个奖项几乎总是授予最资深的研究者，即使所有工作都是一个研究生完成的。"[1]——这就更让人觉得，张爱玲讲的那句"出名要趁早"，还真是精明过人的处世之道。

再者说，在此后充满曲折的学术生涯中，且不谈还总有很多的偶然顿挫，让我们总是要去追悼英年的早逝，就算那些后来人侥幸熬了过来，还是要继续面对接踵而来的困境。一方面，在

1　薛智主编:《金科玉律》，珠海：珠海出版社，2008 年，第 10 页。

　　　　　　　　　　　　　　　　　　　　　前期与后期

当今这种学术资源的配置下，如果只是在临近或者进入了"晚期"之后，才能获得较为优渥自如的条件，那么，这对于"正态分布"的大多数人，都会普遍地带来工作上的不便。而且，这种对于个人心智的普遍限制，终究也会"积分"到整个学术界，使之相当程度地渐弱了后劲。另一方面，既然大学的评价与奖励日程，跟人文学者的治学周期相比，根本就是脱节错位、徒增混乱的，因此，即使那些不起眼的"青椒"，也终于熬白了自己的双鬓，从而也终于可以较为率性地写作了，可偏偏到了此时，足以激发他们的制度动力，也在他们的视野中化为乌有了。换言之，他们偏是在进入"成熟期"后才发现，原来既已熬到了这个份上，那么不再费那个苦心也没关系了。——无论如何，只要拿眼睛扫扫我们周遭，就知道这绝不属于罕见的例外。

说完了"老实人"遭遇的这种窘境，再来打量那些"眼头更活"的学者吧，要是只根据"适者生存"的铁律，这些所谓的"成功人士"，总算是禀有了"优势性状"吧？然而不然，他们又撞上了上述"两难"的另一侧。正由于人生本身的不可复制性，这条路总会表现为"迷途难返"的。也就是说，既然现行体制已然僵化地要求，对于学术著作只去机械点算"本数"，对于学术论文也只去量化点算"篇数"，那么，很多人也就来不及讲究什么"古风"了，更是不再计较自己"内在"地得到过什么，只在那里急不可耐地在比拼数量，看看哪位码出的文字篇幅更长，发表它们的刊物也打分更高，而获得的引用率更能属于海量，哪怕全都是批评意见也照样笑纳……就算他们事先原本就心知肚明，知道那些东西已被兑了太多的水，在学术上并不具备耐久的价值，还是要抢先积攒出足够的数量来，心想这无非是块"敲门砖"罢了，一切都等先拿到了"职称"再说。——可谁承想，即使侥幸达到了这个功利的目的，甚至还因此而"浪得"了浮世的"虚名"，到此前的治学精力总是被虚掷了的，这就无异于亲手裁短了原本短暂的治学生涯。更不要说，那双握笔的手也早就这么"写滑"了，还怎么能自讨苦吃地向上攀缘呢？

的确，人们长期以来往往忽视了，人文研究有时候的确像是"修道"，不光在要求学识的增长和智慧的进步，也同样在要求心理的磨炼和身体的训练。因此，就让我们再从这个角度来试想：要是在一个人在其治学的"早期"，就已然表现出抵御不住外在的诱惑，就已然在治学习惯上养成了"侥幸之心"，那么，我们究竟还有什么理由来想象，此人只要是到了更能自如的"晚期"，就反而可以表现出更具自制力，更能坐得住做学问的"冷板凳"，更能够抵御住"非关学术"的外来诱惑，更足以拒斥评价机制的无端干扰，从而更足以聚焦于内在的创造了呢？——不管怎么说，这样的"天方夜谭"都是不可指望的。而且也正因为这样，真正容易在学术"生意场"上见到的，至少是那些最为熙来攘往的常例，仍要数那帮"上半辈子卖命，下半辈子卖名"的精明人。

只不过，这帮人到头来却又忽略了，文科学术的"吊诡"之处——当然也可说是它的"迷人"之处——偏又在于，正因它恰是在要求"毕生投入"，所以真到了"应当收官"的阶段，那么至少是，在这个最需要下笨功夫，最有待于藏诸名山、传诸后世的领域，那些表现得最精明势力、最斤斤计较的人，又终会被证明为是最愚不可及、最浅陋无知的人。且不说那些明里暗里剽窃过的家伙了，那更是朝夕间就可能身败名裂。即使自己的投机行为躲过了惩罚，其一辈子的心理也只能是栖栖惶惶。就算那些只是在"前期"抄过"近道"的人，他们自己滥造出来的那些粗糙文字，正如我在前文中已经指出的，又有可能转而意味着自制的孽障，去阻碍自己到"后期"去勃发生命的潜能。因此，这也到头来也会耽误得他们"终其一生"，都从未真正享受过创造的快乐。——从这个意义来讲，别看这些人曾表现得如此"精明"，其实他们这辈子要来涉足人文学术，才真正算得上是"一误终生"的荒唐选择。而且，他们也确实由此遭到了惩罚，既然他们浪费了"只有一次"的生命，却又在本真的意义上"一事无成"，甚至于，都从来不曾触及过来此"求道"的初始动机。

十一、充满挑战与变数的晚期

说到这里，也就有理由提倡幡然转念了。

正如本文一再指出的，大学功能的多元化和开放性，使得人们在步入大学之后，除了有可能被精神的向度所感召，当然也有可能被其他东西所干扰。而在所有的干扰之中，又有两种丛林原则最容易遮蔽住梦想，其一是学院政治，其二是学术经济。——意识到这种严酷的现实，那当然不是什么罪过，它还有可能帮你在并非天堂的环境中，活得更清醒更踏实。不过，要是你由此就误以为，其实大学机构的全部意义，也都大抵不出此类政治或经济活动，那你就注定要买椟还珠，注定要白来大学一遭，注定要虚掷自己的生命。无论如何，人类文明之所以要设计和维护大学这样一种文化形式，毕竟还是因为人类自有其精神的追求，所以说到底，只要大

学还不甘心退化成可有可无的盲肠，那么它与其说是在
受到丛林原则的无情制约，倒不如说它是在残酷的丛林
中仍然坚持维护着人类的尊严。[1]

一方面，尽管现行学术体制的不尽合理，已经不无荒唐和悖
谬地决定了，这种具有悠久传统的人文学术，在当代遭遇到了空
前的困窘。但另一方面，即使在如此的荒唐悖谬中，如果我们仍
不愿意就此放弃，具体说来，如果我们心有未甘地仍自认为，自
己并没有把毕生所治的学业，只当成用来"养家糊口"的饭碗，
如果我们仍感到这种学术领域，其最主要的魅力还是表现在，它
那种"日就月将"的研究过程，原本就携带了心理上的"自我奖
励"，那么，我们就不能把由外部规定的"学术周期"，给俯首帖
耳地看成了内在的"生命周期"。与此同时，如果在我们暗中的
自我期许中，除了布迪厄意义上的那种"学院人"，还包括了更
高意义上的"思想者"，如果我们对人文学科的深沉留恋，说到
底还在于它所永恒追求的、最贴近生命内涵的价值，那么，我们
就不能如此消极被动地，只是任由这种学科去被社会来改造，也
要反过来再基于它的价值，来改造和重订现行的社会规则。

1　刘东："众声喧哗的大学论说"，《我们的学术生态——被污染与被损害的》，杭州：
　　浙江大学出版社，2012 年，第 74 页。

无论如何，只有在如此灵动的转念中，我们才真有可能做到"不被决定"，或至少在相当程度上做到"不被干扰"，从而在当下普遍不利于人文学科，也是普遍不利于学术创造的情况下，仍能找到坚持学术写作的恒定动机。而这理所当然地就意味着，无论外部规则被制定得如何"外行"，我们都只有按照文科的特有规律，去沉稳地和"内行"地谋求自身的发展，以期能够"水到渠成"地打开生命的智慧，和"渐老渐熟"地发挥出学术的潜能。令人豁然开朗的是，一旦在思想上明确了这一点，就连接下来所要选用的语词，都马上可以带着新的能量，重返这篇导言的那个主题了。——这显然是因为，如果从文科的自身要求出发，我们在一方面，当然还是需要一个精力充沛、精彩迭出、转益多师的"前期"，否则的话，也就谈不上一个更能出彩的"后期"了；可在另一方面，还是基于人文学者的生命节奏，我们更需要一个做足了准备的、表现出成熟的，和充满了魅力的"晚期"，因为只有到了这个高歌猛进的阶段，才最足以发挥出毕生积聚的学术功力。

　　当然，在一方面，仍然无可回避的是，这个"晚期"对于任何个体生命来讲，都已然在逐渐地接近"大限"的时期了。不过，在另一方面，恰又正因为这样，尤其对生活在现世主义语境中的人们来说，在这片虽则没有宗教却照样能有道德的文化土壤中，真能帮我们哪怕是部分抵御时光流逝的，还在于通过"立德、立功、立言"而去追求"不朽"的文化传统。有了这一层考虑，我们就更需要牢牢地、死死地记住：从向来被儒家学者激赏的，也曾被孔子施行的"生命周期"来看，一个学者既能够也必须具备一个创造性的"晚期"。事实上，也只有做到了这一点，虽说还是要走到那个"生命终点"，还是要充满依恋与不舍地，去面对那个无奈的"大去之期"，可无论如何，人们终究还是争得了一点可能。去把"求道"的精神给坚守到最后，去把创造的潜力给涵养到最后。从而，也去把文化的冲力给贯穿到最后，以便既能真正给后人留下一点遗产，也让本己的心力能够自然流传到后世。

比较起来，正是在儒家话语的长期激励下，也是在孔子生平的生动示范下，看来就要数中国古代的那些大儒，最讲究生命"前期"的沉着积累，也最在意生命"晚期"的尽情发挥了。——比如，明末清初的大儒顾炎武，就曾经痛贬过某些同时代人，认为他们是忽略了必要的"沉潜期"，而过于追求学术著作的"速成"。"宋人书，如司马温公《资治通鉴》、马贵与《文献通考》，皆以一生精力成之，遂为后世不可无之书；而其中小有舛漏，尚亦不免。若后人之书，愈多而愈舛漏，愈速而愈不传：所以然者，其视成书太易，而急于求名故也。"[1]——再如，正好与此相映成

1　顾炎武："日知录·著书之难"，《日知录校注》中册，陈垣校注，合肥：安徽大学出版社，2007年，第1046—1047页。

趣的是，与他同时期的大儒黄宗羲，又在 49 岁时写下了这样的诗句："君今已向家山住，婚嫁俱完自在身。书到老来方可著，交从乱后不多人。红林曾记斜阳路，秋水遥怜书屋贫。珍重文江烦寄语，明年可得话艰辛。"[1] 这首饱含着沧桑感的七律，尤数其中"书到老来方可著"一句，不光写出了黄宗羲的晚年心境，也道出了古代学人的治学节奏。足以让后学循此而确知，什么才是理想中的"生命打开"，什么才是预期中的"潜能发挥"。——不止于此，我们如果更把眼界放宽些，还可以似曾相识地发现，仍然因为受到了儒学的教化，地处于东北亚的朝鲜大儒李滉，也是在他那个"知天命"之年，归隐到了当地的陶山书院，并根据"退而居于溪边"的意思，从此便以"退溪"二字为号，遂使"李退溪"这三个字，竟成了"晚年学有大成"的楷模。

有了这么多文化范例，我们在"生命周期"的问题上，就更不能把"空间"上的差别，只归结为"时间"上的先后了。否则的话，大家就很可能想当然地以为，凡是沿着西方路径传过来的，即使不属于"天然合理"的，那至少也属于"势在必行"的。而这样一来，现代社会中流行的这种"生命周期"，不管它带来了多少局促与无奈，也就会被当成注定要忍受的"人生节

1　黄宗羲："喜邹文江至得沈眉生消息"，《黄宗羲全集》第十一册，吴光主编，杭州：浙江古籍出版社，2012 年，第 234 页。

奏"了。——正是出于这样的考虑，我才在前文中特别进行了纠偏，强调在真正完备的世界文化史中，并不是只有贝多芬才享有生命的后期，且还基于他那种哪怕是冲淡了的宗教感，而写出了排在第九号的《合唱交响乐》，也并不是只有歌德到了生命的尽头，才去为了能最终杀青他那部《浮士德》，又祭出了哪怕是经过了人性化处理的女神。——与此同时，也正是出于相应的考虑，我才在前文中特别提出了异议，认为萨义德对于"晚期风格"的过度阐释，只能是想当然的和以偏概全的，既然"他所看到的不是曹操的'晚期'，不是庾信的'晚期'，不是杜甫的'晚期'，不是苏轼的'晚期'，不是吴昌硕的'晚期'，也不是齐白石的'晚期'，不是梁启超的'晚期'，不是王国维的'晚期'，当然更不是孔子的'晚期'。"[1]

的确，只有参照着中国古人的"生命节奏"，我们才能在更为宽广的时间向度中，更加具有批判性地省悟到，要是人文学术的写作规则，原本就表现为渐老渐熟和渐老渐成的，那么，我们又怎能只是因为现代的职业分工，就把自己关进了韦伯意义上的、类乎现代官僚制的"铁笼"之中。从而既逼迫得自己，只能写出"不成熟"的作品，也贻误得读者们只能读到"不成熟"的作品呢？这还能算得上，是对自己负起了生命的责任吗？这还

1　本书，第七章（第111页）。

能算得上，是对社会回馈了道德的担当吗？有鉴于此，尽管眼下已进入了"现代"的社会，我们的内心仍应保留相应的"古风"，——具体来讲就是，尽管必须拖拽着"人到中年"以后开始逐渐"走下坡"的身躯，必须忍受着各种病痛、危机与不确定性的折磨，必须苦撑着"上有老，下有小"的双重重担，必须应付着各种评审、主持和行政管理的义务，可毕竟转念想来，尚能有一个不被"过早报废"的生命，尚能有一种"不被决定"的选择，尚能有一个渐入辉煌的"晚景"，这反而又显出了某种在当今已不可多得的幸运。

正是在这个意义上，我们也就必须明确地主张，一位真正的人文学者的"晚期"，并不像凡夫俗子所误以为或表现出的那样，只属于一条混混日子、等着退休的"渐弱线"。恰正相反，它完全可能表现为逐渐向上的崛起，表现为水到渠成的落熟，表现为一飞冲天的爆发，表现为画龙点睛的完成。——而作为人文学者的我们，为了涵养、积攒和焕发出这种潜能，就不仅需要一个既真诚又紧迫的"早期"，也必须同样高度警觉地意识到，即使有幸熬到了"功成名就"的"晚期"，也绝对不可有丝毫的得意、懈怠与放松，而仍需保持一以贯之的忧患、迫切与求索。无论如何，这种心态既是为了外在的功业，也是为了内在的修为，——或者更综合地说，这已经属于既像"今之学者"那样"为人"，也像"古之学者"那样"为己"了。

唯其如此，我们在敬德修业的一生追求中，在千姿百态的学术旅程中，方能既看到机遇的或然和方向的漂移，也展现选择的自主和求索的胆力，更展现生命的曲折和底蕴的无穷。也唯其如此，我们这种的保有"古风"的学术生涯，也才会因其富有内涵、学有大成的"晚期"，而显得美不胜收、悦耳动听和为霞满天。——回顾起来，也正是出于这样的憧憬，我才在前边提到过的那篇文章中，带着生命的张力来尽情地抒写：

> 在这个生命正高歌行进的盛年，人生实际仍然充满了不确定性，就像歌剧舞台上那位将要一锤定音的主角，只要他还没把最后一个高峰坚定不移地唱上去，嗓子眼就总难免有些发紧。然而，他却又比任何时候都更加清楚地意识到，哪怕普天下的沉重都压到了脊柱上，这仍将是挖掘生命潜能的最佳时刻，——只要他能像大英雄贝多芬那样，把头颅高贵地昂起来，用自己的全部精思与才华，蘸着内心的全部忧思与向往，谱写出巍峨不拔的传世之作。[1]

1　刘东："这一年：我的咏叹之年"，《道术与天下》，北京：北京大学出版社，2011年，第 iv—v 页。

上面的那一番话，还是我在北大教书时写下的。而进一步说，尽管自己早从那个阶段起，就已在关注这个"开始呈现"的问题了，不过，更对这一点念兹在兹、不敢稍忘，则是在受命复建清华国学院以后。无论如何，既然你每天都需要经过他们的遗像，才能沿着红地毯走到自己的办公室，你就总会从早期导师梁启超、王国维等人的生平，而油然想到"生命周期"的严峻问题。也正因为这样，自己来到清华园后的第一项研究，也恰是在针对梁启超当年的"晚期"选择，而这项研究，也恰是《跨越与回归》那本书的一章，属于我原拟在这本书中进行"导引"的。——坦白地讲，如果从消极的心理来讲，不先去澄清梁启超的那个"晚期"阶段，自己当时也找不到继续攀缘的基点了。但如果从积极的心理来讲，当然也可以把自己对"晚期生涯"的这种专注，看成是特定"人生阶段"的特殊自勉方式，而那几位早期导师的"学术生涯"，则不过是某种借以磨勘砥砺自己的手段。

　　虽则说，到了此时更会专注于"生命晚期"，可这丝毫也不会意味着，我因此就会看轻了"生命早期"。恰恰相反，正是沿着对于梁启超"晚期"的研究，反而可以更加清晰地看出，一个人的"前期"是相当重要的，甚至是具有决定性意义的。事实上，既然人生本身就是充满"连续性"的，那么，一个人到头来能否享有一个丰足的"晚期"，在相当程度上还要取决于他的相应的"前期"。取决于他早年阅读的精度与广度，思考的深度与力度，以及准此建立了怎样的精神视野。此外，还要看看他在相应的"精神向度"中，是否尽可能全面地构筑了思考的支点，是否尽可能端正地搭建了"心智平衡"。更不待言，即使都已来到了治学的"晚期"，很多吃紧的要害都还要取决于，一个人在选择学术生涯的起点处，是否在胸中拥塞了太多的私念、俗念或杂念？——在这里，如果启用梁启超喜欢使用的佛家术语，那就还要再来看看，他究竟给自己留下了多少"善业"和多少"恶业"？

可即使如此，经由这本小书中的相对集中的讨论，我们总还是空前自觉地发现了，对于我们的"人生旅程"而言——当然首先是对我本人的"人生旅程"而言——又必须在"前期"与"后期"的那个界面上，去经历一次刻骨铭心的、里程碑式的转折，以便把前此奠定的全部基础，都给不遗余力地调动出来，投入到前所未有的创造之中。而且，我们对于这一点越是自觉，激发的创造状态就越是警觉。否则的话，一旦再把这段时间给白白地耗掉，那么，以前所有的"寒窗之苦"就统统白吃了，甚至整个的生命也都无异于"白活"了。——无论如何，晚期写作之所以重要，是如果到这个时候你还没有写出来，那么将来再说你有过什么思想，人家也只能姑妄听之了，换言之跟什么都没有，也没有什么区别了！

事实上，正因为主动澄清了此时的道理，所以在专属我本人的字典里，就既不会出现通常所讲的"中年危机"，也不会出现

"闲愁最苦"的退休阶段。——说真的，就算果真进入了那个阶段，它对于像我这样的人文学者来说，也不过是个崭新的人生阶段，一个无须再去担负任何外在责任，一心只想完成"自身升华"的阶段，并且由此便决定了，它反而可能是个更加丰硕的阶段！

耐人寻味的是，我们经常会读到这样的传记，讲到某个人是如何自幼到老，都是去事先某种预定的计划，所谓"某人自幼如何如何……"显出那是一个善始善终的、一以贯之的人生，而那份早已预定好的计划，也正好比是这类人生的"保险箱"。不过，经由这本小书的反复分析，我们也不能再信服这样的说法了，知道那不过是"想当然"的弥缝，——既然充满了或然与诱惑的人生，向来都表现为"连续性"和"断裂性"的统一，甚至每时每刻都要重临转折的"路口"。在这样的意义上，无论是最初的"自幼立志"，还是后来的"功成名就"，也就都不再像是什么"保险箱"了。既然一个人终其随机的一生，都始终要去面临着重新的选择，以及由此带来的未知的风险，而且，又正如我在前文中所演示的，一个人一生最大的那个跟头，反而还确有真正的可能，偏偏就跌在他本人的"晚期生涯"，跌在他向"生命晚期"的那次调头之中。

除了前边讲到的那些或然性，还让我们为之忧心忡忡的是，即使能侥幸获得这样的"晚期"，我们由此而得享的那点从容，也仍然是相对的和极其有限的。所以，只要我们还想去焕发余下的生命，就必须以最为紧迫与吃重的态度，来抓紧利用这个"稍纵即逝"的阶段。——回顾起来，这样一种"紧迫与吃重"的人生态度，也正是一位孔门高足所讲的"弘毅"精神："曾子曰：'士不可以不弘毅，任重而道远。仁以为己任，不亦重乎？死而后已，不亦远乎？'"[1] 毕竟，对于人类这种脆弱的生灵而言，他们全部"人生企划"中的上进要求，也包括如果必要而做出的"晚期生命"的调整，都必须特别地，甚至额外地配合于"天假以年"。由此可知，小心翼翼地护持自己仅有的生命，并不意味着那会显得多么"怕死"，而恰恰表现为对于"求道"过程的珍视。——由此又想到，也正是本着这种"紧迫与吃重"的态度，那位孔门高足才会在临终前表现出——曾子有疾，召门弟子曰："启予足！启予手！《诗》云：'战战兢兢，如临深渊，如履薄冰。'而今而后，吾知免夫！小子！"[2]

无论如何，人生就是有它残酷的有限性。如果在我们的"生命旅程"中，任何别的变化都属于偶然，那么就唯有这种有限性，却属于向无例外的必然。在我刚刚出版的那本书中，我曾经这样描写过这种偶然与有限：

---

1 《论语·泰伯》，《十三经古注》第九册，北京：中华书局，2014 年，第 1982 页。
2 同上书，第 1981 页。

正是那块作为天边暗斑的乌云，代表着历史的不确定性，代表着人生的偶然与无常，代表着天命的不可知与不仁，代表着世事的白云苍狗，代表着世界的神秘莫测，代表着美景的稍纵即逝，代表着韶华的白驹过隙，代表着任何习惯都不能成为自然，代表着"病来如山倒"的随时降临，也代表着大去去期的绝对预约。……尽管在似已成为常态的日常惯习中，这块隐身在天边外的小小暗斑，仿佛并不那么压抑和严重，乃至于有时难免要被人忘却，然而，它却又随时都有可能席卷过来，变成遮天蔽日的彤云、力拔大树的风暴，甚至变成血盆大口的妖魔，来摧毁原本阳光明媚、春意盎然的生活世界，让我们不得不徒然地仰天长叹，发现生命的脆弱和造化的残酷！[1]

可话说回来，对于这种暗藏于生命过程中的，让人徒唤奈何的偶然性，我们又必须回心转念地想到，你越是能清晰和及早地意识到它，你反而就越有可能从中争取一点主动。毕竟，正是在生命严峻性的基础上，本着"有限理性主义"精神的儒学，反而

---

[1] 刘东:《天边有一块乌云：儒学与存在主义》，南京：江苏人民出版社，2018 年，第 82—83 页。

发挥出了它那独特的"人生解决方案",那正是一种相对乐观的、可以容错的人生观:

> 由于儒学对于人性的相对高扬,换句话说,由于它对于上界神明的毅然放弃,这种为中华文明所独有的警觉与苦痛,就既不能,也不愿建立在那种只因匍匐在上帝脚下,便要自觉相形见绌的卑微罪感之上,甚至是某种程度的自虐快感之上,而只能建立在对于人生苦短的感伤与依恋之上。——也正因为这样,尽管它是同时意识到了人生的"乐"与"忧",但它却只是在尽情享受人生之正面的同时,才以眼睛的余光去扫描人生的负面,而不是先去一口咬定在现世之中唯有负面,甚至把它夸大为人生在世的主要本质,再据此来怜悯这些既可悲又可叹的生灵。更简捷地说,要不是把人生看得如此美好和值得留恋,那么它在由此导致的厌世与弃世的心情下,就反而不会再为生命的短暂而如此伤情了。[1]

只不过,已然认识到"绝地天通"的儒学,也不会再为人

---

1 刘东:《天边有一块乌云:儒学与存在主义》,南京:江苏人民出版社,2018 年,第 256—257 页。

生打什么"包票"了。所以在一方面，既然生命中就是充满了偶然，那么，无论是哪一位学者的学术生涯，不管他的先天禀赋如何、后天努力又如何，也总是要有几分"机运"或"运气"，甚至，就连他的这种先天禀赋本身，都已在某种意义上属于"运气"了。在这个意义上，考虑到本书想要导引的论述对象，特别是本院早期的那几位导师，我们就总难免要有几分无奈与悲沉。正是他们的生平才向我们凸显出，对于每个人都只能"拥有一次"，且每一次又必然"都不一样"的人生而言，即使理解到了那次转折的重要性，我们也仍然不能未卜先知地预判到，到何时才是那个向着"晚期"的最佳转折点。这恰恰是因为，只要我们还一息尚存地活着，我们各自得以享有的工作时间，就总是充满变因的和飘忽不定的，由此充其量也只能根据"概率"，也根据自己对于"生命状态"的感觉，来判定何时应是那次转折的界碑，否则就来不及相对充分地予以完成了。——只可惜，一旦涉及不可复制的、纯属个体的生命问题，这种"概率论"对我们又从来都不起作用。因为每一次"纯属偶然"的中断，正如我们很快就会在梁启超那里看到的，对于唯独享有一次生命的独特主体而言，又都意味着绝对无可挽回的"百分之百"。

由此我们也就看到了，究竟如何去平衡自己的"前后期"，乃至于究竟如何去最大限度地发挥自己，以便尽量不要去辜负这一次生命，就既需要我们的智慧、努力与执着，也取决于一定的偶因、或然与运气。这种交缠于希望与情势、努力与机运之间的问题，最是古往今来概莫能外的棘手难题。——也正因此我们才会看到，成书于魏晋时期的那部《列子》，已专门为此辟有《力命》一篇，以突显对此的无知与无奈：

> 力谓命曰："若之功奚若我哉？"命曰："汝奚功于物而欲比朕？"力曰："寿夭、穷达、贵贱、贫富，我力之所能也。"命曰："彭祖之智不出尧舜之上，而寿八百；颜渊之才不出众人之下，而寿十八。仲尼之德不出诸侯之下，而困于陈、蔡；殷、纣之行，不出三仁之上，而居君位。季札无爵于吴，田恒专有齐国。夷齐饿于首阳，季氏富于展禽。若是汝力之所能，奈何寿彼而夭此，穷圣而达逆，贱贤而贵愚，贫善而富恶邪？"力曰："若如若言，我固无功于物，而物若此邪，此则若之所制邪？"命曰："既谓之命，奈何有制之者邪？朕直而推之，曲而任之。自寿自夭，自穷自达，自贵自贱，自富自贫，朕岂能识之哉？朕岂能识之哉？"[1]

的的确确，情势对于希望的横加阻断，命运对于努力的压迫

---

[1] 《列子·力命》，《列子集释》，杨伯峻撰，北京：中华书局，2016年，第202—204页。

戏弄，往往会带给我们仰天的长叹，乃至无尽的伤感。——正如我在追念好友魏斐德时，曾经顿足失声地感叹道的，那中间当然也有我的顾影自怜：

可惜 Fred 这一去，把许许多多的交往之乐都给带走了！而恰值此时，又有学生把列文森的遗著《革命与世界主义》译了出来，寄到我这里投稿，益发使人黯然神伤。偏就那么巧，在列文森这部死后整理出版的遗稿之前，正好印着 Fred 当年为自己老师所写的序文，这不能不使我联想到，现在又轮到 Fred 的弟子们，来整理他本人的未竟遗作了！绵绵无尽的学术事业，竟这么残酷这么森严，这么一言不发着，可那中间流淌的，却都是古往今来的英雄血呀！[1]

再联想到，本院早期那著名的"三巨头"，也即梁启超、王国维和陈寅恪，虽说都在生前就享有学术盛名，也都在身后被追认为一代大师，可是当他们仍然健在的时候，又有哪一位不是命运多舛，又有哪一位未曾受制于偶然，又有哪一位工作得神完气足，差可算是大致焕发了生命潜能？而回顾起来，也正因为看到

1　刘东："未尽的文字缘"，《道术与天下》，北京：北京大学出版社，2011 年，第 310 页。

了这种"命运弄人",或者说是"天地不仁",至少在先秦儒学的相关理解中,就并不存在什么"天人合一"的幻想,而只是自认"知其不可而为之"。——另外,在本院早期的那三位导师中,也至少梁启超早就参破了这一点,所以还是有着相应的心理准备,去接受这种仍有"部分失败"的结局:

> 儒家知命的话,在《论语》中有很重要的一句,便是批评孔子的:"知其不可为而为之"那一句。可见知其可为而为之——不知或不信分限,不是勇气;必要知其不可为而为之,才算勇气。明知山上有金矿动手去掘的人,那(不)算有勇;要明知不可为,而知道应该去做的人,才算伟大。这句话很可以表现孔子的全部人格,也可以作为知命与努力的注脚,"知其不可为"便是知命,"而为之"便是努力,孔子的伟大和勇气,在此可以完全看出了。[1]

针对这种"力与命"的对峙问题,梁启超还曾写过这么两句话,道是"万事祸为福所倚,百年力与命相持。"我们由此也就

---

1 梁启超:"知命与努力",《梁启超文选(下集)》,夏晓虹编,北京:中国广播电视出版社,1992年,第503页。

可以想到，在这场同"命运"的角力与较量中，正由于那原本就是"福祸相依"的，原本就是结局飘忽不定的，于是也便有可能把"部分失败"这话，又反过来读作是"部分成功"的，只要人们不光能有幸得到这个创造的"晚期"，还能警觉地进而抓住其中蕴含的机会。——当然即使这样，在真正走到自己生命终点之时，我们还是要去面对一个无从逆料的问题，而且那还是个绝对的"非确定性"的问题，那就是无论自己此生何等的发愤忘食，也无法预知自己究竟思考得"对也不对"。无论如何，那更是一个只能去"知其不可而为之"的问题，更是一个只能去"尽人事而听天命"的问题，从而，也更是一个绝对不可再去"自欺其心"的问题，既然大家即使用尽了全力，都还没有把握去操控如此严峻的问题。

十二、自觉生活在"两个世界"

　　这一节的论述，需要从相关的引证开始。——实际上，是写到这里才想起来，正所谓无巧不巧，李泽厚老师在其"晚期著作"中，又沿着他那些耳熟能详的论点，即以往的"乐感文化"和"实用理性"的说法，发挥出了所谓"一个世界"的命题：

　　　　什么是儒学"深层结构"的基本特征呢？我以为我以前一再论述过的"乐感文化"和"实用理性"，仍然是很重要的两点。它们既是呈现于表层的文化特征，也是构成深层的心理特点。将这两点归结起来，就是我近来常讲的"一个世界（人生）"的观念。这就是儒学以及中国文化（包括道、法、阴阳等等）所积淀而成的情理深层结构的主要特征，即不管意识到或没意识到，自觉或非自觉，这种"一个世界"观始终是作为基础的结

构性的存在。¹

在这样的地方，当然不便详细讨论相关的学理。不过，总还要稍稍地加以澄清，尽管对于这种天马行空式的论述，就连只打算做到这些也很感吃力。无论如何，像这种只用区区一个括号，就把儒家跟道家、法家、阴阳家全都卷到一起，更懒得去区分先秦儒学、汉代儒家和宋明儒家的粗略笔法，难免就把各种悖反的倾向都混杂到了一起，使得即使在这种讲法中亦不无洞见，也很难被读者们给顺利识别出来了。——很可能，还是缘于这种大而化之的思维方式，李老师接下来竟又笔锋一转，把原本是经由了"祛除巫魅"才可能形成的这样"一个（实用的、理性的和世俗的）世界"，反而归因于中华世界之顽固不化的"巫风"了，他甚而还为此提出了"巫术的理性化"，让人怎么看都觉得那属于"方的圆"：

　　至于这个"一个世界（人生）"的来由，当然并非始自孔子，而是源远流长，可能与远古黄河流域自然环境优越（比巴比伦以及埃及、希腊），人对"天地"产生亲近、感恩、敬重而非恐惧、害怕从而疏离的基本情

1　李泽厚:《探寻语碎》,上海:上海文艺出版社，2000 年，第 270—271 页。

绪有关。这一点，好些人（如牟宗三）也都指出过。不过我以为更重要的是中国远古巫术传统的缘故。巫术是人去主动地强制神灵，而非被动地祈祷神灵。中国巫术的理性化，是结合了兵家和历史而形成的独特的巫史文化。这是一个极为重要的古史和思想史课题。[1]

如此庞杂而含混的论述，尽管确是来自本人的业师，也显然不能令人满意。无论如何，由于那两造正乃针锋相对且又此消彼长，所以，要是"巫术"也能被"理性化"的话，它也只能被后者"冲淡""理顺"或"祛除"，而不是作为历史的惰性和惯性，反倒在"理性化"的文明进程中，以某种变态的形式埋伏和潜存下来；否则的话，这种进程就根本称不上"理性化"了。事实上，恰如我在晚近的著作中指出的，只要能把注意力的焦点，对准作为"有限理性主义"的先秦儒学，而不是笼而统之地扫过处于"共时"中的其他思想流派，或者处于"历时"中的多种思想合流，那么，我们的视线就会变得清晰得多，足以洞穿那些被后世拼贴上去的，所谓"几教互补"或"几教合一"的笼统说法，——无论它们具体被表述为"天人合一"还是"儒道互补"，"内在超越"还是"三教合一"：

1　李泽厚：《探寻语碎》，上海：上海文艺出版社，2000 年，第 272 页。

尽管儒学的思想天空，相比起无神论的存在主义来，显然还是光明、透亮和蔚蓝的，然而若就这种学说的初始立场而言，它却从来都未敢盲目乐观，因为它从来都不曾否认过，在那个莽莽苍苍的天穹边上，仍然敞开了一个未知的、时刻有可能漏下风雨雷电的可怕缺口。而基于这种灵活的、辩证的认识，再来反思时下流行的"内在超越"之说，以及长期盛行的"天人合一"之说，我们就理应把警觉提高一步，不致再失去应有的平衡感，使得本在追求着"不偏不倚"的儒学，竟在某些缺乏方法自觉的阐释中，反而要么偏向了西方的基督教会，要么偏向了那教会最难容忍的巫术。[1]

　　正因此，按照我刚刚在晚近著述中的清理，那些出现在先秦之后的，同样是如此大而化之的"和稀泥"的倾向，恰恰是触目惊心地突显出了，就掩映于其身后的黑暗思想背景而言——这倒是可以被认定为顽固孑遗的"巫风"了——由孔子所代表的"先秦理性主义"，实在是太过"清醒"和"理性"了，太过"超前"和"早熟"了，从而也就太难被当世与后世全盘掌握了：

1　刘东:《天边有一块乌云：儒学与存在主义》，南京：江苏人民出版社，2018年，第120页。

由于即使是从整个世界的范围看，由孔子所继承和光大的先秦理性主义，也是"祛除巫魅"得极其早熟的，就使得他的思想在一片巫魅的蛮荒中，难免像是一支时隐时现的燃火，而围绕在其周围并随处可见的，则仍是过往黝黯时代的、顽强习惯势力的幽灵。——也正因为这样，孔子的思想在逐渐照亮了中华世界的同时，也难免要遭遇到种种的误解和曲解，或者至少是对于其精义的不解。而由此才令人遗憾地导致了，总是有人要动用属于其他学派的、远没有如此思想力度的学说，去包裹它、中和它、钝化它、使之失去了原有的挑战性、先锋性和尖锐性。[1]

这样一来，按照我跟着又发表出的论述，面对如此繁杂的中华思想世界，与其像李泽厚老师刚才做的那样，只用一个简单而笼统的、想要强行拢起来的圆形括号，就想把各种背离的倾向都收纳到一起，倒不如用一条直接摊开来的、具有足够"容错率"的长条光谱，来对其中林林总总的不同倾向，或曰光怪陆离的不同色调，都进行实事求是的，且又各安其位的解析：

1　刘东:《天边有一块乌云：儒学与存在主义》，南京：江苏人民出版社，2018 年，第 119 页。

正因为儒学在"照亮"了历史的同时，也难免要遭到误解、曲解与不解，也难免要遭到裹挟、中和与钝化，才连累得即使是它自身的谱系，也难免成了那排繁杂错落、而色彩不一的"光谱"。这也就提示了我们，其实在大多数的历史主体那里，并不存在绝对的清醒理性，或者绝对的狂热迷信，而一般都会是犬牙交错的，和你中有我的，只不过各自的成色有所不同罢了。唯其如此，才造成了即使在儒学的自身脉络中，或者更具体地说，是在先秦儒学、汉代儒家、宋明理学，乃至港台新儒家之间，因为受制于落实儒学的具体条件，也相应地拉开了倾向不一，甚至取向悖反的落差。[1]

因此，我们首先就要在思想上确定下来：即使认识到中国的独特思想世界，确乎表现为"天人本无二"的"一个世界"，那么，这一个及早地经过了"理性清洗"的世俗世界，这一个清醒而自觉地"不语怪力乱神"的世界，也绝不会在此同时，又属于一个混沌未开的、"万物有灵"的巫术世界。就此而论，至少照作为这"一个世界"或"一次人生"之主导倾向的儒家思想来

1　刘东："落实儒学的历史条件"，《国学的当代性》，北京：中华书局，2019 年，第120—121 页。

　　　　　　　　　　　　　　　　　　　　　　　　　前期与后期

看，也便失去了理由再去强调万物之间的、无处不在的"连续性"，——无论它是由汉儒表述出来的、迷信色彩很重的"天人感应"，还是由宋儒表述出来的、作为一种弱化形式的"天人合一"。

当然，如果撇开前引"论纲"中的庞杂之处，而抓住李老师行文中的主要倾向，那么，我到了快要接近本书末尾的地方，又提出理应"自觉生活在'两个世界'"，却并不是在跟自己的老师唱什么"反调"。刚好相反，预装在我心中的"问题意识"，同样是针对李老师要描摹的那"一个世界"，也是因此，我又接着发挥出的"两个世界"，也可以表述为"一个世界"里的"两个层次"，或者"一次人生"中的"两种境界"。——说得再简洁、明快些，沿着这本书中的固有文脉，我正好想要借此提出来：在这样一个及早经过了"理性清洗"的，也就是较为彻底地"祛除巫魅"的世俗世界中，我们究竟还能否找到充足的理由，把它灌注到自己内在的心力中，从而稳守住自家从事的人文学术。

有意思的是，李老师的行文又告诉我们，他本人也并非没有看到这一点，尽管他的这种"不无所见"，又往往会席卷在或淹没在那一系列的排比句中，跟其他未经推敲的判断混杂到了一起："但也正由于'一个世界'，便缺乏犹太—基督教所宣讲的'怕'，缺乏无限追求的浮士德精神。也由于'一个世界'，中国产生了牢固的'伦理、政治、宗教三合一'的政教体制和文化传统；'天人合一'成了公私合一，很难出现真正的个性与个体。"[1]
可无论如何，有过了前文中的大致清理，我想读者们至此也应能
看出，既然这已经都属于"一个世界"了，那么它最基本的"题
中应有之意"，就恰恰意味着不再拥有什么"宗教"了。——正
是在这个意义上，恰像我曾经多次指出过的，而且我也当面对李
老师讲过，中国文化精神之最关键的特征，乃至它对于整个世界
之最主要的挑战，恰恰在于它从遥远的"轴心时代"开始，就创
造出了由先秦儒学所代表的、所谓"无宗教而有道德"的"人生
解决方案"。

　　即使到了今天，见到自己的文明遭遇亘古未有的打
击和痛心疾首的衰败，我仍毫不犹豫地认为，中国文化
之最大的挑战性在于它曾以活泼泼的长期存在而雄辩地
向世界各大文明证明：如不考虑"路径依赖"的殊别问
题，也就是说，如不考虑其他文明的转型难度，那么，
一个没有教会的世俗世界，不仅是有可能独立存在的，
而且是有可能达到高度文明水准的！——由此，它也就
无可辩驳地向世界证明了：善于自我救度的、充满主动
精神的人类，实则只需要一套教化伦理、提升人格的学

<hr />

[1]　李泽厚:《探寻语碎》，上海：上海文艺出版社，2000 年，第 272 页。

　　　　　　　　　　　　　　　　　　　　前期与后期

术话语，去激发和修养社会成员的善良天性，就完全可能保证日常生活的道德判断，从而不仅维系住整个社会的纲常，而且保障人们去乐享自己的天年！ [1]

可不管怎么说，撇开他那些行文的含混不予计较，我们还是能从字里行间看出来，李老师也对此同样有所担忧和警戒，看出这"一个"如此世俗化和实用化的"世界"，又必然会暴露出其硬币的另一面，那就是"缺乏无限追求的浮士德精神"。而一旦把他在这方面的担忧或警惕，再代入由本书牵引出的"前后文"中，也就难免要逼出下述的这类问题：如果根本就不再具备"宗教"的支撑——既没有上帝，也没有来世，更没有天堂地狱——如果的确就只享有这一个"世俗世界"，或者这一次"自然生命"，而且在其中盛行的还只是贴合于它的"实用理性"；那么，我们究竟还能指望以什么样的价值，来支撑以往那种"皓首穷经"式的人文研究，或曰来选择以往那种"经年寒窗"的学术生涯？而传统上对于"藏之名山，传诸后世"的期许，还能否继续作为"人生意义"或"治学圭臬"来约束当今的后学？

再把目光放开一些，由于这种作为一个"世俗世界"的语

---

1 刘东："意识重叠处，即是智慧生长处"，《思想的浮冰》，上海：上海人民出版社，2014 年，第 62—63 页。

境，的确要严峻地面对和处理太过计较"功利"或"实用"的问题，也就导致了在这一方特定的"文化水土"上，对于本土"世界观"所同时并存的"长"与"短"，也就从来都属于有识之士的共同担忧。——比如在这里，我们还可以再借助于吴宓的记述，来听取青年陈寅恪的下述痛快议论：

> 此后若中国之实业发达，生计优裕，财源浚辟、则中国人经商营业之长技，可得其用，而中国人，当可为世界之富商，然若冀中国人以学问、美术等之造诣胜人，则决难必也。夫国家如个人然，苟其性专重实事，则处世一切必周备，而研究人群中关系之学必发达。故中国孔孟之教，悉人事之学，而佛教则未能大行于中国。尤有说者，专趋实用者，则乏远虑，利己营私，而难以团结，谋长久之公益，即人事一方，亦有不足。今人误谓中国过重虚理，专谋以功利机械之事输入，而不图精神之救药，势必至人欲横流，道义沦丧，即求其输诚爱国，且不能得。[1]

这番话确实是"目光如炬"。尽管陈寅恪在信口讲出它的时

---

[1] 转引自吴宓 1919 年 12 月 14 日日记，《吴宓日记》第二册，北京：生活·读书·新知三联书店，1998 年，第 101—102 页。

候，还只是在年纪轻轻的求学时代，而且也只是在与同窗好友随意闲聊，可是，无论陈寅恪当年看到的中华世界之"所长"，还是他同时又看到的中华世界之"所短"，不管当年听起来会显得何等惊人，甚至会被人觉得迂远空阔、不着边际，然而到了几十年之后，竟都在他的身后变成了凿凿的现实。而且，在这番议论中作为本国"所长"的"前者"——"中国人经商营业之长技可得其用，而中国人当可为世界之富商"——也正是当今的国人在明里为之骄傲的，而在这番议论中作为本国"所短"的"后者"——"若冀中国人以学问、美术等之造诣胜人，则决难必也"——更正是当今的国人在暗自为之痛悔的。

不过转念想来，我们不是又可以从上面这段话中，醒悟到中国毕竟还有它的陈寅恪，毕竟还有同他站在一起的、清华国学院里的那些早期导师吗？那么由此再来设想一下，要是他们所传承的文脉并不曾中断，中国也照样会难以传承它的人文传统吗？而且，他们想要接力要传递的这种文脉本身，不也同样是出自经过了"理性清洗"的这"一个世界"吗？——这样也就精确地启发了我们：这"一个世界"竟在当今的时代沉沦如此，又并不是由它的全部应有本性所致，而毋宁表现为它的碎片化或废墟化。换句话说，那并不是因为它忠实地遵循了孔子，而主要是因为它无端地背离了孔子，从而让这个"无宗教而有道德"的社会，干脆蜕化成了"无宗教也无道德"的社会：

一个原本可以"无宗教而有道德"的社会，一旦把它的"道德感"给剥离掉，那就只剩下前一半的"无宗教"了，或者说，只剩下一个个无所遮蔽的个体了。所以，如果当年那些新派文人已经挑明了，存心要在失衡的比较中让中国来"相形见绌"，那么，这种文化选择的严峻后果则在于，到头来竟是在上帝仍然"缺席"的情况下，又冒失地抛弃了孔子的人生解决方案。于是，他们充其量能够给后人留下的，也就只有无神论存在主义的"孤独"状态，而当代中国人所唯一拥有的现世生活，也就只有任由它去遭受蹂躏而不堪其苦了。[1]

正因为如此，我才要有针对性地在这里提出，我们又应"自觉生活在'两个世界'"。当然，我在前文中已经预先澄清了，这里的"两个世界"是打了引号的，并不意味着柏拉图式的"判然两分"，或者宗教世界观中的"上下两界"，而只意味着同一世界的"两个层次"，或者同一人生的"两种境界"。换言之，尽管"如此宝贵"的生命又可惜"只有一次"，或者反过来说，也正因为这"只有一次"的生命又显得如此"弥足珍贵"，我们就更

---

[1] 刘东:《天边有一块乌云：儒学与存在主义》，南京：江苏人民出版社，2018年，第332页。

应开发出它的所有潜能和层次，以便让它表现得更加丰富、充分而超拔，也借此而在自己今生所属的文明进程中，尽可能留下本人独特的生命轨迹与印痕来。——由此可知，即使在这个经过了"理性启蒙"的世俗时代，我们也同样有理由去保有一种内在企望，以便让短暂的生命活出人生的意义来。而且，我们的先哲也正是在千古如是的语境中，曾经卓有成效地提出过"三不朽"的人生纲领，即所谓："太上有立德，其次有立功，其次有立言，虽久不废，此之谓不朽。"[1]

　　讽刺的是，眼下即使刚刚申报大学的考生，都已经知晓了人文学术属于"冷门"，知道了它所期许的"藏之名山，传诸后世"，实不过意味着"坐冷板凳，吃生猪肉"，几乎跟外边的"精彩世界"格格不入。照着这样的世俗理解，即使恢复了孔子当年的"学在民间"，或者恢复了亚里士多德的雅典学园，也只能被掉头不顾而忍受"门前冷落"了。——更不要说，如果在当今的市场经济和消费主义下，这种"价值理性"的萎缩已成了普遍的潮流，那么，我们又不得不在沉痛的反省中承认，正因为这边属于盛行"实用理性"的"一个世界"，而更难避免"专趋实用者则乏远虑，利己营私"（前引陈寅恪语），所以，这种潮流又尤数在

---

1 《左传·襄公二十四年》，《十三经古注》第六册，北京：中华书局，2014年，第1379页。

其俗入骨的当代中国，才变得如此汹涌、偏激而富于破坏性。

　　一旦说到这里，也许又会有人习惯性地以为，这还是"一个世界"的本性所致，所以还是应当从"文明图式"的深处，去揭发它从价值理念的根基处，就不如那种"人神二分"的宗教世界。然而不然。正如我已在前文中辨明的，中华文化的这"一个世界"，原本并不缺乏它的人文传统，也并不缺乏它的"立体"与"超拔"，从而曾经表现为"无宗教而有道德"的，或曰"极高明而道中庸"的。所以，如果具体而历史地看，这个社会只是从外压的碾轧和内生的毁坏中，才沦入如此之扁平与卑俗的。由此也就合理地意味着，一个人不能只因在自己的周遭，亲眼看到了所谓"精致的利己主义者"，甚至还亲身吃过他们的什么亏，就马上把这一点归罪给了孔子，觉得那位先哲早在"轴心时代"，就不该宣扬"务民之义，敬鬼神而远之，可谓知矣"，就不该主张"知之为知之，不知为不知，是知也"，总而言之，就不该以他清醒的"先秦理性主义"，来启动"祛除巫魅"的文明进程。——无论如何也应当看到，毕竟孔子并不是这样的利己主义者；恰恰相反，其实先秦儒家当年最想要抵制的，还正是公然宣扬极端利己主义的，号称"拔一毛利天下不为"的倾向。

　　作为一种佐证，可以再举出马克斯·韦伯的例子。众所周知，韦伯也是没什么宗教感的，而再联系到他的"理解社会学"方法，这甚至还对他的"世界宗教的比较研究"，构成了能否做到

"同情理解"的盲点。可即使如此，在韦伯心中还是装着学术的"天职"，而且，为了跟当时的浪漫派划清界限——后者总是在借助于审美手段来延续宗教——他还特别指出了这种工作的理性性质，指出驱策学者的动机只能来自沉稳的责任感，而不是某种准宗教的激情或"迷狂"：

> 只有严格的专业化能使学者在某一时刻，大概也是他一生中唯一的时刻，相信自己取得了一项真正能够传之久远的成就。今天，任何真正明确而有价值的成就，肯定也是一项专业成就。因此任何人，如果他不能给自己戴上眼罩，也就是说，如果他无法迫使自己相信，他灵魂的命运就取决于他在眼前这份草稿的这一段里所做的这个推断是否正确，那么他便同学术无缘了。他绝不会在内心中经历到所谓的科学"体验"。没有这种被所有局外人所嘲讽的独特的迷狂，没有这份热情，坚信'你生之前悠悠千载已逝，未来还会有千年沉寂的期待'——这全看你能否判断成功，没有这些东西，这个人便不会有科学的志向，他也不该再做下去了。[1]

1　马克斯·韦伯："以学术为业"，《学术与政治》，冯克利译，北京：生活·读书·新知三联书店，2016年，第23—24页。

那么，如此强烈而谨严的学术"责任感"，也是来自理性上靠不住的"宗教感"吗？当然不是。毋宁说，这种"责任感"既来自韦伯所认同的文明进程，更其来自他在这种进程中所看到的"理性精神"。既然如此，再来反躬体认自家的传统，那么，那种"太上有立德，其次有立功，其次有立言，虽久不废，此之谓不朽"的说法，不也是同样浸染了这样的"理性精神"吗？一旦认识到了这一点，也就有了相应的理由来认定，正是这种贯穿古今的"理性精神"，才使我们即使沦落到了这个消费时代，仍有充足的理由来从事人文学术。甚至，恰恰在这个号称"解构一切"的后现代，我们反而应当去一反潮流地认识到，唯有人文学者才真正堪称是"有福了"。——鉴于他们所负使命的独特性质，具体说来，鉴于他们对于文化传统的薪火相传，鉴于他们对于永恒问题的跨代追随，鉴于他们的观念与著述对于时间磨洗的天然抵抗，我们完全有理由去认定，对于任何一位人文学者而言，乃至于，对于任何从事文化创造的个人而言，无论他们自觉到了还是未曾自觉，都必然"同时生活"在我所主张的那"两个世界"中。

　　由此一来，即使在普遍"不利于"人文学术的语境中，我们也可以通过自觉的反省而意识到，当今的世风究竟是在怎样的意义上，如此地"不利于"我们的人文学科？而它所显露出的这种明显倾向，又究竟属于哪个方面的错误，是来自这个看来正"不断没落"的学科自身呢，还是来自正在裹挟它"走向深渊"的历史本身？——既然如此，这样的思绪也就奠定了我们的自觉立场，让我们知道自己真正需要采取的姿态，并不是"投机取巧"地去追随这样的潮流，从而使整个的人类历史都难免"一误再误"。相反，我们恰要在这种来势汹汹的潮流中，如中流砥柱一般地守住自己的信念，从而正是基于自身学科的坚实理由，来为过去、现在和未来的人类整体，护持住可能再去"修正错误"的历史契机。

十三、超拔出来的"立体人生"

　　或许，稍有一点惊喜的是，尽管我们确实只拥有"一个世界"，或曰确实只拥有"一次人生"，而且这种"有限性"也确乎令人无奈、无可消解地构成了人生中长存的隐痛。不过，一旦在我们的学术生涯中，具备了相应的思力来区分那"两个层次"，或曰"两种境界"，那么，虽则也只是在相对有限的意义上，我们生命旅程中的那些沿途景致，却又会因为逐渐成熟起来的生命意识，而相应地变得更加超拔、立体和富于景深了。

　　在这个意义上，我在这里提出"自觉生活在'两个世界'"，就绝不是在主张那种宗教式的"二分法"，以免割裂、压抑和贬损了我们的生命。恰恰相反，作为同一世界的"两个层面"，或曰同一人生的"两种境界"，这"两个世界"并不是相互脱离、彼此敌对的，而是水乳相融、相映增辉的。甚至进一步说，这两者之间的那种内在与共生关系，还不光不属于"宗教性"的"外在超越"，也同样不属于"准宗教性"的所谓"内在超越"。——

无论如何，吸引得人们去脱离人生的"超越"，和昭示着人们来拓展人生"超拔"，是有着原则区别的不同概念。正因为这样，我在这里想要向大家提倡的，就只是对于"既有生命"的开拓与焕发，它意味着以一种高蹈的姿态、上升的力道和超拔的视角，并且正是顺着蕴藏于生命中的潜能，来充实、丰富和点化已有的人生。

　　发人深省的是，也只有运思到了这一步之后，才能真正体会到儒学的精髓所在。无论如何，要是孔子从一开始就想要主张的，就不过是如此功利而扁平的"一个世界"，那么我们干脆就可以说，他也算不上提出过什么"人生解决方案"了，因为真正的问题并没有得到"解决"，而只是带来了更加缠人和恼人的问题。可事实恰恰相反，并且这一点也属于众所周知：中国的儒学传统之最诱人的特点之一，正在于它所倡导的个人修养和它所开发的生命进境，从来都属于我常讲的"在世修行"。换言之，那并不意味着生命的截然转向，并不意味着内在欲望的弃绝，并不意味着枯寂干瘪的弃世。正因此，它也就无须像宗教型世界观那样，非要到冷清的佛寺或森严的修道院里，才能进行放弃或糟蹋了"此岸生活"的，所谓"六根清净""六亲不认"的苦修。——不过与此同时，到了这里又必须把笔锋陡然地转过来：恰恰是在这样的"一个世界"里，恰恰是在这样的"一次人生"中，儒学反而又因势利导地号召人们，要去活出立体的"层次"来，活出超拔的"境界"来，活出风雅的"高度"来，而且正因为这一层，才构成了我所讲的"超拔出来的'立体人生'"。

在这样的"立体"而"超拔"的视角下，一方面，无论我们何等地挚爱自己的学业，当然都不致于转而放弃"人间烟火"了。事实上，如果可以允许以我自己为例，那么，我身边的弟子全都知道，我总是表现得如此"充满感性"，如此"热爱生活"，如此"依恋尘世"。甚至有的时候，不光有学生会形容说，我那间既摆满书籍与碟片，又备好红酒柜和雪茄柜的办公室，简直"就是天堂"；就连我自己，往往也会在"汉书下酒"而半醉微醺之余，借着拉伯雷笔下的著名典故，干脆说自己正是"庞大固埃"。而进一步说，这种对于"尘世生活"的深挚的依恋，这种对于文明成果的尽可能多样的享用，至少从一位思想家的角度来说，又不光是出自"蝼蚁偷生"的本能，或者是源于消费主义的诱惑。——写于三十多年前的著作，就已经记下了自己在这方面的思考：

　　只要看一看中国人对"福"字的理解，就不难发现，他们的注意力是何等的集中于浮世的欢娱，而对于百年之后的身外之事不做非分之想了。《尚书·洪范》说，人生有所谓"五福"："一曰寿，二曰富，三曰康宁，四曰攸好德，五曰考终命。"后来，汉桓谭在《新论》中又把"五福"解释成"寿、福、贵、安乐、子孙众多"。

　　　　　　　　　　　　　　　　　　　　　　前期与后期

不管人们把这种安于现世、乐于现世的幸福观判为精明还是浅薄，抑或兼而有之，他们都首先必须承认，它已经融进了中华民族的性格深处，并且确曾有助于这个民族在种种有限的事物中最大限度地享受生活。[1]

无论如何，正因为在"天边有一块乌云"，或者更平直地说，正因为我们只拥有着这"一个世界"，只获得了这"一次人生"，而与此同时，也正因为我们又已从意念上"先行到死"，只能是短暂地"向死而生"，所以，我们才更需要开发感性的生活。确乎令人伤感的是，这个有形的、可感的、经验的、世俗的、亲切的、肉身的世界，竟又是有限的、娇弱的、易变的、短暂的、可叹的、挽留不住的、稍纵即逝的世界。——可话又说回来，不管其他类型的"人生解决方案"，会如何来面对这样的"千古一叹"或"万古愁"，比如像佛教那样，把它反说成是不足凭依的、"镜花水月"的世界，或者像基督教那样，再凭空虚构出使它相形见绌的、"外在超越"的世界，反正，对于坚守在这"一个世界"的儒学来说，它却别无选择地只有坚定不移地认为，正是这个存在着各种缺失、残损和遗憾的有限世界，才是我们唯一得以拥有的，也唯独可能开发的现实世界。

1 刘东："民间俗神"，《中华文明读本》，刘东主编，南京：译林出版社，2009 年，第 41 页。

正因为这样，只要是从"有限理性主义"的角度看，那么，生存在这"一个世界"上的人们，他们唯一能匹配上这种"理性"的人生态度，也就只有去充分利用这"不满百年"的寿命，和尽情开发这"犹有竟时"的身体，以体会、品味乃至享受这唯一拥有的尘世生活了：

> 从尼采《悲剧的诞生》我们曾经读到过，酒神的伴侣西列诺斯（Selenus）曾经声色俱厉地道破——"朝生暮死的可怜虫，无常与忧患的儿子，你为什么强逼我说出你最好是不要听的话呢？世间绝好的东西是你永远得不到的，——那就是不要降生，不要存在，成为乌有。但是，对于你次好的是——早死。"而相形之下，人文主义者和经验主义者的好心奉告却是：世间绝好的东西，其实是你永远得不到的，——那就是成为不朽者，或者进入永恒轮回过程。不过，世间次好的东西，则是你有可能得到的，——那就是尽量要晚死，至少先好好地活着，甚至先过够了瘾，再去不得已而化为乌有！[1]

在另外一处，我同样是根据源自"人世间"的愿望，而不

---

1 刘东："伯林：跨文化的狐狸"，《自由与传统》，北京：北京大学出版社，2015年，第105—106页。

是利用"考据癖"去追溯宗教礼仪，来总结创造出"节庆"的历史理由，——在我看来，后一种学究式的、还原主义的做法，即使看似找到了历史的简单源头，也是把它的起因全都归咎于"偶然"了，由此也就未能从隐秘的心理深处，看出人们要去沿革和修正它的"必然"要求。

　　尽管节庆的源起未必全都喜庆，但后世那个敦风化俗的过程，却一定要再把它转化成欢乐的由头。从这个意义上讲，日历上的那些个具体的日期，也就逐渐从表现转化为再现，从所指转化为能指，其符号意义也主要旨在诗化和幻化人间的生活，以使文明的时间表不再意味着干巴巴地挨年头数日子，而是表现为由节庆装点出来的接踵而来的美不胜收的花环珠串。唯其如此，人间世才丰盛得值得一过，而不是一步步挨向最后的刑期。[1]

　　在这个意义上，至少从我本人的角度来看，"节庆"就跟我们总体的"人生"一样，也都至少是部分具有"逢凶化吉"的品质。换句话说，它们都需要从生命历程的苦辣酸甜、生老病死中，从逃避不开的"吃喝拉撒""柴米油盐"中，从摆脱不掉的

1　刘东："有'节'有'日'"，《道术与天下》，北京：北京大学出版社，2011年，第135页。

七情六欲、喜怒哀乐中，总之，是从这种日复一日、年复一年的琐碎、拖沓、重复与平庸中，以一种"苦中作乐"的心态来进行幡然的"点化"。事实上，设若没有这样的转念，别看就只有这短短的"一次生命"，它也照样会对我们表现为"不堪忍受"的，甚至就连这一次都显得"太过漫长"了。——可反过来说，一旦有了这样的转念和"点化"，这"一次生命"却又转化成永远值得"重新开始"的了。也是唯其如此，我们才获得了心劲再转而去惋惜"人生苦短"，才获得了资格在快乐地享受人生的同时，又留恋而伤感地喟叹着"对酒当歌，人生几何"。

还应当明确地意识到，即使成了高楼深院中的学者，甚至，还想在这里成长为一代"大学者"，我们也照样生活在这"一个世界"上，也仍然仅仅拥有这"一次人生"。因此，即使作为一位真诚而严肃的学者，背负了在学术史上薪火传递的重责，也绝不能脱离经验的和感性的生活，毕竟那才给了我们生命的乐趣、身心的抚慰，给了我们亲情的关爱、舒缓的休整，给了我们治学的条件、思考的动能。在这个意义上，中国古代所讲的那种"五福"，无论它被理解为《尚书》中的"一曰寿，二曰富，三曰康宁，四曰攸好德，五曰考终命"，还是被理解为《新论》中的"寿、福、贵、安乐、子孙众多"，由于它们皆是源自这一个"世俗世界"，我们从原则上都不妨尽量去拥有，至少也不应故意去背道而驰，样样都跟它对着干。——晚年齐白石深爱的一个主题，正是所谓"大富贵亦寿考";而画幅上这句点题的妙语,在我看来跟那些寿桃、牡丹一样,都表达了他对于人生的、非到后期不能体悟的理解。

此外,还是根据《吴宓日记》的记载,又可以接着举出陈寅恪为例,说明即使身为一代"大学者",并且对于"太过功利"的恶俗世风,还有着"目光如炬"的深谋远虑,仍不会只为了心中的忧虑与警觉,就率尔放弃个体生命中的应有快乐。而且他就此所提出的内在理由,还是来自那唯有的"一个世界",或曰那短暂的"一次人生"——"寅恪新婚,形态风采,焕然改观,颇为欣幸。谈校事。寅恪亦谓近今深感于生命之短促,故决专心著述,及时行乐;其他事务得失,概不萦心。此正合宓意。"[1]

进而言之,又跟俗常的理解正好相反,其实立志要做一个学者,乃至立志要成长为一代"大学者",也并非从逻辑上意味着,从此就变为不开窍的"榆木疙瘩",再也跟精致多彩的"生活"无缘了;刚好相反,那恐怕恰恰转而意味着,你会获得更多的资格、条件和能力,来享受这"唯有一次"的短暂人生。比如说,那意味着你可以读得懂荷马与莎士比亚,分得清托尔斯泰和陀思妥耶夫斯基,看得懂达·芬奇和提香,听得懂瓦格纳和马勒,甚

1　吴宓:《吴宓日记》,第 4 册,北京:生活·读书·新知三联书店,1998 年,第138—
　　139 页。

至也进而辨得出托斯卡尼尼和富特文格勒，看得进塔可夫斯基和黑泽明；那也意味着你在游览名山大川时，可以随口吟出历代的佳句来助兴，或者你在参观各种著名建筑时，可以自如地参照建筑师的理念……在这个意义上，其实身为人文学者的我们，不光是无须去放弃所谓"世俗之乐"，而且，无论是从各种"立体的"人生向度中，所"额外"获得的、更进一步的快乐，还是再把这种"超拔"的精神享受，带回到世俗世界所造成的"点化"，都只会使一位人文学者的生活，变得更加多姿而韵味倍增。

还是在这个意义上，如果允许我再做一点发挥，那么，由先秦儒学带来的这种"人生解决方案"，就还远不止于"无宗教而有道德"，而更在于"无宗教而有快乐"，——这才是"夫子与点"一语所蕴含的精义。由此再来回想一下，也正因为有了这样的精义，在曾点道出那番"浴乎沂,风乎舞雩,咏而归"之前，当"子路率尔而对曰:'千乘之国，摄乎大国之间，加之以师旅，因之以饥馑；由也为之，比及三年，可使有勇，且知方也'"[1] 的时候，孔子对他的即时反应才会是，竟然不屑一顾地嗤之以鼻（"哂之"）。——于是，沿着如此明确的路向启迪，有时候你甚至会嘲讽地想到，那些完全不了解这个"人文世界"的，那些误以为人生中只有"事功层面"的，才是真正不懂得"享受生活"的。这

---

1 《论语·先进》，《十三经古注》第九册，北京：中华书局，2014 年，第 1996 页。

是因为，既然你想要来"享受生活"，那就意味着要享受"文明成果"，而你既然想要享受"文明成果"，那也不在话下，就理应具备相应的文化素养。在这个意义上，其实真正"高级"的享受从哪里开始，那些跟人文修养完全无缘的人们，那些斤斤于短浅"功利幸福"的人们，他们的生活也就在那个地方结束了。

有的人一旦选择以治学为业，便误以为从此便不啻出了家，干脆不再心存享受人生之念，只敢活得惨兮兮的，还颇以"不食人间烟火"为荣；而正是以这样一种愚蠢的念头为前提，又有更多的人抛弃了学术生涯，索性自暴自弃焚琴煮鹤地玩物丧志起来，——真可以说是两极相通极了！其实，渴望"享受人生"这念头本身并没有什么错，因为人生对任何人来说都只有一次，即使做了大学者也不例外，也照样应当热爱生活；但可笑的是，人们却往往觉得只有放弃（而不是加紧）精神追求才能做到这一点，所以于此一念之差中，便为了愈来愈多地占有身外之物而忙得死去活来，到头来只落了个"穷得只剩下钱"的下场。我相信，讲出这种时髦话的人绝不是以故意慨叹的形式来说嘴，因为既然他们活得那么紧张那么累，顶多也就是在生意场消歇时再胡乱找补点儿强刺激来放松一下罢了，哪还有闲情和能力来品味人生！[1]

当然，如果只把话说到了这里，还只是满足了前一个向度。尽管我也的确表现得"充满感性"而"热爱生活"，而且还一向都乐于承认这一点，但是，当一位基础较差的学生，在她学位论文草稿的后记中，居然别的什么都没看出来，只把我描绘成一位"生活家"的时候，我又要她赶紧把这话给我删掉，因为一旦只讲出了这个，就显得太过片面、太过平面，也太不像我的及门弟子了。——当然，任何人只要安顿好感性生活，都可以点染得人生相对丰足；可是，对于一位"视学术为生命"的学者来说，与此同时又理应敏锐地兼顾到，自己之所以也愿意"四时佳兴与人同"，主要的目的还是让书桌安放得更稳当些。

正是出于这种考虑，我才反复告诫自己的学生，特别是刚要入门的学生，不要只把我们的人文学术，看作总还算"稳当"或"保险"的职业，更不要只是焚琴煮鹤地，一门心思要来这里"享受生活"。——当真要来这里寻求"享受"的话，也要先能从阅读、思考和写作本身，就找到足以让自己持久激动的东西，让全部身心都能在运思、辩谈和发现中，就享受到不可抑制的振奋

1　刘东："'差不多'中的道理：消费主义时代的《劝学篇》"，《谓我心忧》，广州：海天出版社，2018年，第10—11页。

与快乐，就足以享受到"多巴胺"分泌的奖励。只有这样，你的学术生涯才能从各个层面，都建立起汲取快乐的契机与管道，而生命的时间表也才会始终如一地，只是从"这种快乐"转换到"那种快乐"，乃至被点化得处处快乐，甚至无往不乐了。再换句话说，即使你就是想要当个"享乐主义者"，那么一旦来到我们这里，也要学会先当个精神上的"享乐主义者"。

正是出于这种"学术动物"的本能，自己那篇刚刚引过的文章，才被信手又添加了一个副标题——《消费主义时代的〈劝学篇〉》。而一旦哪家报社的记者看过了那一篇，又打电话过来想要另约一篇，我才会朝着这个"劝学"的方向继续发挥：

这次波及全球的美国次贷危机，起因就在于华尔街那些利欲熏心的家伙，非要用种种花言巧语，鼓励穷人强买他们原本买不起的住房。由此可以想象，其实作为个人，也有可能遭遇类似的危机。如果你受某种消费潮流的制约，强买一个看起来似乎可以从某方面满足自己的安乐窝，并由此牺牲了所有发展的潜能，书也买不起了，唱片也买不起了，进修就更谈不上了，甚至连保养和锻炼的时间也不敢有了，那当然会导致你的逐步贬值。由此可以预言的是，将来很可能是那些没有急于买

房的人，住的房子会比你又大又好！¹

在这个地方，最需要拿捏的要点在于，前文所讲的"安顿好"自己的学术生涯，无论如何都不能被误操成，反而"拖累了"自己的学术生涯。或者再换一种表述，尤其在这个疯狂而迷乱的消费时代，你不能把"做学问"的心劲本身——你全部的动机、预设与兴奋点——也都拿到外边当成了"现大洋"，以至把你的学术前途也都给"消费"掉了。就此而言，越是在这样一个"后现代"的世界，就越需要保持足以抵抗的"古风"。——这意味着，在上述那两种层次的"快乐"之间，甚至于，在此时满足了的"快乐"，和彼时满足不了的"痛苦"之间，理应将心情再回溯到孔子那里，在他所讲的"发愤忘食"与"乐以忘忧"之间，或者，在他所讲的"食不厌精，脍不厌细"与他同时又讲的"食无求饱，居无求安"之间，去获得一种"叩其两端"的中道，一种"如临如履"的平衡，甚至去进行一种"壮士断腕"的取舍。

发人深省的是，正是在这样的权衡与取舍中，孔子才又接着区分出了不同的"快乐层次"，从而向那些有志于成为"君子"的人们，提出了更高的行为标准和人格风范："益者三乐，损者三

1　刘东："正是读书好时机"，《用书铺成的路》，北京：北京大学出版社，2010年，第49页。

乐。乐节礼乐，乐道人之善，乐多贤友，益矣；乐骄乐，乐佚游，乐宴乐，损矣。"[1] 如果把这番道理再代入今日的语境，那么，对于那些有志于成为"学者"的人们来说，这也就逻辑地意味着，一旦碰到了上述"两个层面"或"两种境界"的碰撞，哪怕只是遭遇到临时性、一次性的抵牾，从而迫使我们不得不排出先后，乃至有所取舍时，那就必须禀有超凡脱俗的意识，抵抗诱惑的能力，坚忍不拔的干劲，和吃苦耐劳的心力。换句话说，对于那些真正"够格"的学者来说，他们的"资格"也正好来自这样的素质：对于天下所有的事情"都能将就"，却唯独对于"做学问"这件事本身，却无论如何都"不能将就"，无论如何都"割舍不下"，无论如何都"揉不进沙子"。否则，一旦沦为了所谓"单向度的人"（马尔库塞），那么，即使获得了再丰足的物质条件，享用了再优厚的物质生活，世界对于你来说，也不过是变成了苏轼所抱怨的"吃了还吃"的"酒食地狱"，而你对于世界来说，也同时变成了纯属负担的"酒囊饭袋"。

在这个意义上，又应当进一步明确下来，尽管正如我在前文中所论，这"两个世界"的性质都是真实的，可至少对于一位人文学者来说，那个高蹈而超拔的学术世界，却毋宁是更加稳定、更加耐久、更可指望的，甚至在这个意义上，也可以说是更

---

[1] 《论语·季氏》,《十三经古注》第九册，北京：中华书局，2014 年，第 2018 页。

加"真实"的。——尤其是，一旦再将由此获得的想法，代入到本书的前后文之中，那么不言而喻的又是，越是到了生命的"后期"或"晚期"，越是自觉意识到了人生的"有限性"，就越需要把更大部分的、还主要是节省下来的精力，留给那个超出世俗功利的世界，那个或许有可能在"身后历史"中，得以进入到"三不朽"层面的世界。

事实上，正如我在前不久特别论说过的，那个既可能获得"不朽"，也可能招致"速朽"的历史世界，那个要么"流芳千古"，要么"遗臭万年"的身后之名，原本就曾在中国古人的意识中，发挥过不可或缺的、至关重要的作用："如果考虑到路径依赖的问题，由于对于往事的记述，在中国文明的特有结构与文化心理中，原本占据着更为重要的地位，那么，由此带来的文化紊乱与失序，也就意味着更加深重的问题……也就是说，尽管中国并无宗教式的精神形态，但正由于'孔子作《春秋》，乱臣贼子惧'（《孟子·滕文公下》），史学才使得人们对于身后，也有了同样的关怀和惕惧。——而中国式的、具有人格品格的伦理道德，很大程度上就附丽于此。"[1] 既然如此，我们针对当今人心的紊乱与失序，也就理应着力去恢复这样的意识，从而把越来越只是意识到本己自身有限性的个人，再重新嵌入到前后相随的、绵延不绝的

1　刘东："对于往事的中国记述"，《中国青年报》2014年1月15日第12版。

文明过程之中。

柳暗花明的是，一旦得以把自己主要的注意力，对准那个更上一层的"历史世界"，那么，无论这是否属于一种"晚期心境"，人们都会一下子变得呼吸均匀、心平气和了。当然，这种"超拔"或"超脱"的学术世界，还是要依托于那个现实和功利的世界。可至少，我们也从几千年的白纸黑字中，同样真确、笃定而稳固地读到过，还另有一个无形的、理念的、想象的、追思的、不受压制的和属于历史的世界，即使你也只是到了自己身后，才有可能进入到那个"不朽"的世界。——在那样的一个世界里，无论你具体生活在哪个时代，是作为祖先还是晚辈，是作为古人还是今人，都立刻就显得相对平等起来，毕竟每一个生命或性灵，都只享有大体相等的活跃时间。甚至，在那样的一个世界里，无论你是活得显要、死得哀荣，还是科场失意、寂寂无闻，也立刻就变得再也无关紧要了，因为在那里所要排行的，只是一个个体的天分和毅力，以及他依托于此所完成的创造。既然这样，那么，除了让自己所达到的精神水准，所做出的学术成就，到"历史世界"中去自动地重新"降世"，其余的你也就再也使不上什么力了，就算你曾经再有"心机"和再会"投机"，一旦来到这里，就再也无"用武之地"了。

所以，去自觉地生活在"两个世界"，以便"超拔"出"立体"的人生，这尤其在当今的浮躁氛围中，总还是有助于去掉一点"烟火气",让人们把心情稍许地沉潜和稳定下来。不管在当今的高等学府里,存在着何等可怕的"学院政治"和怎样精明的"学术经济",而且那些恶劣的规则与潜规则,有时候也的确是让人"看不下去",然而,如果从真正谈得上"创造性"的工作来看,从更值得指靠的"三不朽"的排行榜来看,就都是些不值得激动的"过眼烟云"罢了。毕竟,无论作为学生还是教师,我们选择这块地方的初衷,都并不在于"学院政治"上的得势,或者"学术经济"上的成功,而无非是为了获得知识、增加学养、思考问题。既然如此,一旦切实落脚到了这里,你真正需要去"斤斤计较"的,就仍在于到底是否在自己的"有生之年",问心无愧地读过了更多的书,豁然开朗地想清了更多的问题,并且正是在这个基础上,又做出了经得起后人验收的创造。无论如何,真到了那个已经"进入历史"的世界,也就唯独只有学术业绩本身,才足以向一代代的后人来证明了——你确实也曾来到这世上"走过一遭",所以你的生命并不是白白虚度的。

当然,到了这里还要重申一遍,即使我写得如此"超脱"和"超然",决不是在提倡截然断裂的、宗教性的"两个世界",而只是希望在"唯一拥有"的世俗世界上,又借助于"超拔"出来的"立体"人生,来让自己获得"两个层次"或"两种境界",从而使得自己"就跟"生活在"两个世界"中似的。一旦把这两个层面兼顾起来,那么理应达到的心理效果就是,一方面,你当然也不会毫不在意世俗意义上的得失，毕竟你和你的家人，也都现实地生活在这个现实世界上。但另一方面，你又足以富于历史感地意识到，毕竟"人活一世"不等于"草活一秋"，似乎只要一蹬腿一闭眼，就可以当它什么都没有过了，就可以"管它洪水滔天"了。——事实上，既无法"自欺"也无法"欺人"的是，你既然生就便是一个"智人"，那么你无可逃避的，也无法自欺的心理就必然是，不仅清楚地意识到了自己将来的死亡，意识到了个体生命的终点，而且也同时明确意识到了，即使到了那之后，历史还会继续向前延伸，而集体的、包括你自己后代的生命，到那之后也仍继续会长久地存在着。

　　无论如何，尽管这只是"就跟"活在"两个世界"似的，但只要有了这种若隐若显而念兹在兹的心理，就会让一个人的心气变得大为不同。你不仅会在日常的生活中，去跟家人、朋友和同事进行对话，而且还会在日常的功课中，去跟孔子与孟子、柏拉图与亚里士多德、歌德和席勒、李白和杜甫，进行着长久而反复的神交与恳谈。也就是说，在那个"三不朽"的历史语境中，这些原本是"历时性"的存在，如今也同样"就跟"你自己一样，都足以"共时性"地加入到思考和辩谈中。而由此一来，对于那些低矮层面的嘈杂烦乱，你至少也就比较容易"放得下去"了，此中毕竟还有着庄子所讲的"小大之辩"。比如，就拿刚才提到的杜子美来说，当然也是因为当过了"工部员外郎"，才被后人依惯例称为"杜工部"的。可话又说回来了，这样的名称又毕竟只能属于一位"诗人"，而不是一位"官人"。——否则的话，一旦进入那个不朽的"历史世界"，还有谁能记住当年比他官阶更高的，比如就是作为顶头上司的"侍郎"乃至"尚书"，具体都是"姓甚名谁"，以及他们究竟何以"速朽"的吗？

不可否认，如此自觉生活在"两个世界"，乃至更加在意那"第二个世界"，有时候也确实会使你显得"心不在焉"，既然你往往"就跟"生活在"别处"似的。比如说，你会懒得去填写那些让人不堪其烦的、而唯独上峰却对此乐此不疲的表格，你会怯于争抢那种向来属于稀缺资源、偏偏又有"公共汽车效应"的职称，你更会耻于去申请那种非得要求主动申报、故而总显得有些"心术不正"的奖项……于是，你久而久之也难免要在世俗层面上，尤其是在世俗人的功利眼目中，明里暗里地、或多或少地"吃一点亏"。而且，问题的严重性还在于，一旦如此这般地"吃了亏"，又完全表现得"心如止水"和"安贫乐道"，那也实在是很难做到的，或至少也并非常例的。——正如韦伯在一篇有名的讲演中所说的："你对每一个人都要凭着良心问一句：你能够承受年复一年看着那些平庸之辈爬到你头上去，既不怨恨也无挫折感吗？当然每一次他们都会回答说：'自然，我只为我的天职而活着。'但至少就我所知，只有极少数人能够无动于衷地忍受这

　　　　　　　　　　　　　前期与后期

种事。"[1]

不过，又要赶紧把话给说回来。即使如此，你也没必要为此太过丧气，因为那些见不得人的"心机"，在时间与精力上也不是免费的，而且这往往，也正是那些"得意"其中的人，在学术上又显得如此低能的缘由。无论如何，只要你能有足够的心理定力，去自觉地生活在"两个世界"，而且能想到在那另一个世界中，真正比试的并不是"索取"，而只能是竭尽所能地"给与"。那么，你也就足以看破这些无聊的俗务，至少很少为此感受到干扰，只把由此节省下来的大量时间，投入到潜心的阅读、思考和写作中，而且是乐不可支地、全力以赴地去投入。这样一来，其实你自己就完全可以想象，只要真正从学术史的角度来检验，无论它发生在生前还是死后，吃了亏的就只会是那些"精明"人，而绝不会是这些大智若愚的"木讷"人。

同样无可否认，弥漫在当今学界的种种恶臭，有时候连戴着防毒面具都挡不住了。正因此我才专门为此出了本书，题为《我们的学术生态：被污染与被损害的》。[2]那么在这样的情况下，如果不想让那些东西传染自己，并就此耽误了自己的学业，也就只有让自己站得更高远一些，能从更长远的时段来反观这个世界，

1　马克斯·韦伯："以学术为业"，《学术与政治》，冯克利译，北京：生活·读书·新知三联书店，2016年，第23页。
2　杭州：浙江大学出版社，2012年。

十三、超拔出来的"立体人生"

221

以便重估这中间的功过是非、成败利钝。——就算那些"污染物"可以得意于一时，可一旦到了"超拔"而"立体"的眼界中，它的肮脏、流弊与贻误也会立马就暴露出来。所以，就算你因为埋头于自己的学业，懒得再去戳穿它、揭露它、讨伐它，也会知道那是绝不值得效法的，更谈不到还会去"艳羡"它。甚至，立足于那种"立体"的层次，和习惯了那种"超拔"的逻辑，你反倒会在俯视这些"小把戏"时，可怜那些不断在重复故有陈说的人，那些剽窃的恶行已是被举世公认的人，那些总是在无原则地拉帮结派的人，觉得他们不光是污染了环境，也同样污染了自己，更不要说，也是白白糟蹋了毕生的精力……

　　既然说到了"拉帮结派"的勾当，就忍不住还想再多说几句。自古以来，而且也是无论中西，都有"文人相轻"的习气。并且，一旦有了相互的倾轧的生态，也就会再导致人们去"抱团取暖"，久而久之，便益发弄得在读书人、文化人的心目中，已不存在什么真正的"对错"，而只有被"小圈子"认可的"是非"。——比如，晚近以来很喜欢听瓦格纳，尤其是打开高保真的音响，来聆听他那些声场壮阔的序曲。可即使如此，我仍然无法从理性去理解，居然尼采才刚刚很委婉地，表示也有点欣赏勃拉姆斯，就被瓦格纳觉得无法容忍，乃至要彻底清出门户了。至少，以我个人的耳朵来判断，勃拉姆斯尽管风格不同，主要是不愿意那么"前卫"，给音乐加上太多的负载，可人家总还属于一代巨匠，总还是很值得一听吧？而接下来，事情就发展得更加离谱了。一旦尼采也跟瓦格纳交恶了，就不光是不愿像以往那样，再把《悲剧的诞生》题献给他，还要反过来再写一本《尼采反瓦格纳》。甚至，为了表达对瓦格纳的不屑，尼采还故意去垂青于比才，这就更难说是平心之论了。法国的比才固然也很"有才"，可是，如果非把他的《卡门》拉过来，跟瓦格纳的《指环》相提并论，那就只有让人家感到难堪了，毕竟两者并不在一个"数量级"上。其实这一点，只要"耳鸣"的毛病不发作，尼采原本是不会听不出来的。

再回到中国的语境来，其实早在宋明理学的高峰中，王阳明就痛斥过这样的不良习气，认为这样的门户之见、党派之争，对门下诸生的"进学"最是有碍：

> 后世学术之不明，非为后人聪明识见之不及古人，大抵多由胜心为患，不能取善相下。明明其说之已是矣，而又务为一说以高之，是以其说愈多而惑人愈甚。凡今学术之不明，使后学无所适从，徒以致人之多言者，皆吾党自相求胜之罪也。今良知之说，已将学问头脑说得十分下落，只是各去胜心，务在共明此学，随人分限，以此循循善诱之，自当各有所至。若只要自立门户，外假卫道之名，而内行求胜之实，不顾正学之因此

而益荒，人心之因此而愈惑，党同伐异，覆短争长，而惟以成其自私自利之谋，仁者之心有所不忍也！[1]

那更不要说了，一旦到了这个号称"后现代"的时代，到了这个把"知识就是力量"的口号，径直颠倒成了"权力就是知识"的时代，如此的一叶障目、党同伐异，这般的争强好胜、立异鸣高，更把整个学界都弄得乌烟瘴气，连关上窗子都觉得呼吸困难。

不过，正所谓"雄鸡一唱天下白"，一旦让心情进入那"第二个世界"，那么，所有的诡辩术与障眼法，来到这里就全都化为乌有了。毕竟，那只是一个公平竞争的世界，一个只去验测思想深度与广度的世界，一个只去比试学术造诣与创意的世界。所以，无论是什么人，无论他在学衔和津贴上，占过多少侥幸的便宜，也无论他在座次和气势上，占过多少光鲜的上风，来到这里就全都于事无补了。正因为这样，你才会转而参透我们所在的学术界，终究还并不等同于结党营私的"黑社会"，因此，就算它在眼前显得"好像"是，你也不屑于再去争那个"一城一池"了。更不要说，一旦能把心情如此"超拔"出来，得以在如此开

1　"寄邹谦之"，《王阳明全集》上册，吴光等编校，上海：上海古籍出版社，2011 年，第 230—231 页。

阔和"立体"的人生中，去享受你自己那份"谁也抢不走"的快乐，那么，你还会反过来再可怜那些"可怜人"，就算他们抢到过世俗意义上的"成功"，甚至也曾在江湖意义上"快意恩仇"过，却绝不可能真正享受到创造本身的快乐。——真的，我无论如何从来都不能想象，掺杂着抄袭或剽窃的"写作"，到底还能有什么样的本真性的快乐？且不说由此就给自己留下了"定时炸弹"，指不定什么时候就被炸得粉身碎骨，就算侥幸逃过了学术纪律的惩罚，其毕生的心理也只剩下"小人长戚戚"了！

再回到本书的主线来。豁然开朗的是，尤其到了学术生涯的"后期"或"晚期"，那么，不管自己在以前遭遇了什么逆境，默默地咽下了多少暗亏，你至此都会不无欣慰地转念想道："幸亏我们是人文学者"！尽管那个"三不朽"的历史世界，也许是我们来不及亲眼目睹的，然而，只要我们准此而获得了足够的心理，就有可能抵御住那些无端的干扰，更专注地投入到真正的创造之中。在这个意义上，尽管在一方面，那个作为"名山事业"的"不朽世界"，的确是有可能跟我们的"肉眼凡胎"无干，可在另一方面，它还是有可能作为一种无时无处不在的标尺，来标注与校准着我们的治学生涯。——正是在这种"超拔"出来的"立体"人生中，我们也就有了理由去坚持这样的信念：一方面，这个世俗的世界，这种有限的历史，总是会随物赋形、变动不居的，也总是会犯错误、走弯路的；但另一方面，我们的观念世界，我们的理性世界，我们的学术思想，却不光是不会犯错和更加稳固的，而且，它还可以被我们转而利用起来，去修正和理顺那个有限的世界。

是啊，幸亏我们是人文学者，——这使我们的生命虽则也同样有限，却获得了一种有可能去对抗和超出有限的思力！

十四、走向成熟的生命意识

　　总括起来，基于从前文中获得的信念，就不由想到了这样的趣谈——如果托尔斯泰语带悲观地说过，幸福的家庭都是相似的，而不幸的家庭各有各的不幸，那么，我们也可以利用这种句式，却转而又不无乐观地认为，成功学者的经历都是相似的，而失败的学者各有各的失败。进而，再联系到本书文脉的主线，我们还会不无惊奇地观察到，这种大体上"相似"的成功，又往往要取决于学者的"生命后期"。是的，正是取决于那个——以往或许被误以为，已然是功成名就、瓜熟蒂落的"后期"，已然是大局已定、坐享其成的"后期"。

　　就此，可以举出孟德斯鸠的例子。这位著名的《法意》一书的作者，早在 33 岁那年便出版了《波斯人信札》，诚可谓是"少年得志"；到 45 岁那年又出版了《罗马盛衰原因论》，亦可谓是"中年有成"。而且，就凭着这种已经"很够水平"的著作，他已先后当上了波尔多科学院的院士、法兰西学士院的院士、英国皇家学会的会员和柏林皇家科学院的院士。也正因为这样，到了45岁这一年上，人生对这位业已"顶戴"众多的中年男子，就反而显出它的"吊诡之处"了：在一方面，如果想要躺在既有的名声上，他当然也可以自诩"功成名就"了；可在另一方面，其实闭着眼睛也可以想到，这种院士级的学者仍然多如牛毛，只不过，后来大都叫不上他们的名字了。

应当是因为意识到了这一点，所以恰恰是在他45岁那一年，这位孟德斯鸠却又暗自下定了决心，要让这一年成为生命的"转折点"；而我们后来是后知后觉地知道，孟氏接下来又活了21年，到了66岁那年突染急病而卒。那么由此算来，这也正是"前期"与"后期"之间的那个"中点"了。——具体而言，对于孟德斯鸠本人来说，这个作为人生"中点"的转折标志，就是要以高出很多倍的学术标准，来撰写一部有关政治、法律理论的大书，而该书的标题现在已属于家喻户晓了，那正是那本他此后连续写了15年、直到59岁那年才告杀青的、却又是他最享盛名的《论法的精神》。

只有不是以"成王败寇"的、"从后往前"来回溯的方式，而是以回到"历史现场"的、"从前往后"来经历的方式，才能从一切都还属于方生方成、一切都尚在未定之天的或然意义上，来体会他当年做出的这个决定，对于站立在那个关节点上的孟德斯鸠，究竟意味着何等"难以企及"的高度，又蕴含着怎样"孤注一掷"的风险了。——就此，他的传记作者罗伯特·夏克尔顿这样写道：

　　这是他一生的转折点。孟德斯鸠做出这样的决定，也许并不令人惊讶。但这个决定，经过了无比艰巨的努力，最终大功告成，确实令人叹赏。公众在1734年所知晓的孟德斯鸠，只不过在外省科学院宣读了几篇无关紧要的论文，作为作家，他写了《波斯人信札》，这诚然是一部颇有光彩的讽刺佳作，却是信手拈来，并非呕心沥血之作，他还写了《尼德的神殿》；此外，他写了关于罗马的论著，尽管这无疑是一部光彩夺目而且很有见地的作品，但缺乏可靠的史实基础。从他已有的著述来看，新作成就如何难以预料。他放荡不羁，频繁出入于一些时髦豪华的沙龙，他是中楼俱乐部一个默默无闻的成员，一个外省的乡绅；他一厢情愿要当外交使节，却遭到拒绝；他当的是法官，却卖掉了自己的职位。至少对于不是知心朋友的那些人来说，没有任何证据表明孟德斯鸠有能力担负起摆在他面前的这项艰巨的工作。况且，他的视力微弱，尽管精心护养并有专家的治疗，完全失明的危险依然时时威胁着他，撰写《论法的精神》需要作出艰苦卓绝的努力，既要付出大量的精力，又需要有渊博的知识。孟德斯鸠为达到既定目标而百折不挠的精神和他高超的组织能力，在他那个时代和他的国家里，只有狄德罗的成功之作《百科全书》可与之媲美。[1]

于是，再把这些代入本书的文脉中，我们便可以充满同情地理解：一方面，要是这本《论法的精神》最终并没有完成，或者，即使写出来了也不怎么成功，那么，至少从现实的，或世俗的角度来看，孟德斯鸠就此付出的代价，倒是更摆在眼皮子底下的，那就是就白白放弃了世俗意义的享乐，毕竟他在当年的巴黎沙龙中，曾是大受欢迎、如鱼得水的常客。但另一方面，也只有当这本《论法的精神》大获成功了，而且也终于有资格进入学术"经典"之列了，我们作为后人才会爱屋及乌地，连带着把他早年所写的《波斯人信札》，还有《罗马盛衰原因论》，全都纳入理应翻译的"必读书目"中。——这就是我在本书中一再强调的，"后期写作"对于"学术生涯"的关键重要性！

当然，也许还会有人对此不以为然，觉得人家毕竟是生活于18世纪，那个时代的人们毕竟没这么浮躁，而且这位孟德斯鸠男爵（或庭长），也并不是布迪厄意义上的职业"学院人"，只要倚

1　罗伯特·夏克尔顿:《孟德斯鸠评传》，沈永兴、许明龙、刘明臣译，上海：上海人民出版社，2018年，第230页。

靠波尔多祖业上的那些出产——具体说来就是至今都还备受追捧的优质红酒——就足以维持自己宽裕的生计了，所以说，这样的例子或许已经"过时"了，或者不适用了。要这么说的话，我们还可以再举出子安宣邦的情况为例，而这可是至今仍然健在的日本学者了。——旅日学者林少阳在为他的书作序时写道：

> 作为学者，在五十岁前子安的业绩不多，影响也有限，甚至按时下汉字圈（香港、台湾、大陆）大学人文学科业绩评价机制，五十岁前的他可能在大学不会太愉快。但是，从五十岁起，随着他个人的思想史方法论形成，平均不到一年便有一本著作面世，而且，每一本都以其独特的视角，引起关注、讨论，甚至引起争论。这一势头随着六十岁左右的他的方法论的成熟而持续，其著作质量及数量都保持着很高水平，直至八十一高龄，仍然宝刀不老，可谓学界异数。[1]

那么，这样的"学界异数"到底意味着什么呢？是因为在身体里就有"异禀"的基因，使得子安宣邦不仅得享了高寿，而且

1　林少阳："导读：近现代日本与《论语》解读"，子安宣邦：《孔子的学问：日本人如何读〈论语〉》，吴燕译，北京：生活·读书·新知三联书店，2017 年，第 15 页。

还非得耗到了"晚期"之后，才可能迸发出"青春"的能量吗？当然不是。尽管尚且无缘向他当面讨教，但我却从子安宣邦笔端流出的"愤世嫉俗"中，也从林少阳所讲的"五十岁前的他可能在大学不会太愉快"中，体会到了他之所以能"厚积薄发"的内在理由："到了我们的时代，情况整个颠倒了。在现在的大学教育制度中，我们早已丧失对学问的意欲，换言之，现在的教育制度，不过是完全不具备学习之意欲的学生们，接受早已丧失对学问的意欲的教授们之教育指导而已。'教育'制度的成立，究竟使我们失去了什么，真是值得我们好好反思了。"[1] ——说穿了，"五十岁前"的成绩并不算太多，这对于人文学者原本是再"正常"不过，而由此真正堪称"不正常"的，也无非是现行的"大学教育制度"本身罢了。实则子安宣邦本人，对于这一点也同样心知肚明，甚至更是深恶痛绝。可即便是这样，他也没有想到要跟它去妥协，乃至趋炎附势地跟从那些"过江之鲫"。他只是平心静气地按照学者应有的步调，该在什么时候成熟就在什么时候摘取，该在什么时候写作就在什么时候发表，哪怕是按照现行体制的死板规定，已然耗到了退休之后的"老年"乃至"衰年"。

再把前述两个案例对比一下。这两个人中间，一个是到了

1　子安宣邦:《孔子的学问：日本人如何读〈论语〉》，吴燕译，北京：生活·读书·新知三联书店，2017年，第36页。

　　　　　　　　　　　　　　　　　前期与后期

45 岁那年，才决计进行关键性的写作，另一个则是迟至 50 岁之前，尚未来得及进行大规模的写作。由此可见，其实在孟德斯鸠和子安宣邦那里，其呈现出来的"生命周期"是大致相同的。只不过，由于各式各样的因缘凑合，当然主要地还是由于当时的风气，孟德斯鸠偏巧赶在了 45 岁之前，就已成了欧洲各大科学院的院士，而子安宣邦偏又拖到了 50 岁之前，还在遭遇着"不会太愉快"的经历。可以说，这种"穿越时空"的对比，在一方面自然会让我们由此而醒悟到，看来一位人文学者的成熟期，乃至从"前期"向"后期"的转折点，就是有不可"揠苗助长"的内在步调；可惜在另一方面，这样的对比也让我们由此看破了，看来就要数当下施行的这种制度和眼前流行的这种世风，是最不利于我们的人文学科了。

接下来，再把这两个"大器晚成"的例子，代入到熙熙攘攘皆为利往的中国语境，就马上凸显出问题的严重性了。试问，如今那些"功成名就"的院士，或者享受"院士待遇"的学者，还能像当年的孟德斯鸠那样，暗自把嘴唇都咬出血痕来，要规划一次平生难度最大的，并且耗时十五年的写作吗？反过来说，现在那些深为"不发表，即灭亡"（publish or perish）所苦的"青椒"，还能像早年的子安宣邦那样，简直对于任何"犒赏"都视若无物，直到退休后才去厚积薄发，甚至如火山一般地喷发吗？恐怕都不可能。——照此说来，无论是眼下的这些"成功者"，还是将来的那些"失败者",都已经在不约而同地"殊途同归"了。也就是说,无论他们在这个体制下是顺是逆,说到底都成了它的受害者,盖因其都是及早和过早地,就已结束了自己的学术生命,都是在那个原本作为转折的"中点"上,暴露无遗地显出了"未老先衰"的迹象。

回顾起来,当下执行的这种奖励与退休机制,其实是根据建国初期的"预期寿命"来制定的,而且不无讽刺的是,也正是根据这种较短的"预期寿命",而不是现如今已大大延长的"预期寿命",才使人们更要去惊呼中国的"老龄化"问题。同理可知,其实我们身在其中的大学体制,也是同样出于这种"短命"的预期,才为我们制定出了如此"促狭"的工作周期。然而要命的是,这样的机制虽则可以催促"机灵人",让他们在"过时不候"的逼仄限期内,笔下生风地快速制造出所谓"成果"来,只可惜,一旦过了这种短促的"时限",则无论这种制度下的"成功者",还是这种制度下的"失败者",就都被釜底抽薪地"断供"了奖励机制。——说到底,也正是因了这个可怕的缘故,才使得身边比比皆是的同侪,都在学业上不约而同地"半途而废"了。

正由于痛感到了这类困扰,我才在《大学之思》丛书的总序中,不惮以"愤世嫉俗"的口气来呼吁,大家在当今时代真正该去做的,是以勇敢而坚定的批判力,来维护自己受到了损害的学科。而与此同时，又基于这种（至少在理念中）经由修补的学科，来尖锐地检讨当下所处的荒唐时代，以清楚地反省它究竟是何处失足的。而反之亦然，绝对是最不足为训、最值得警惕的做法——可惜这又是当下最为司空见惯的——就是虽然明知现行体制的种种"沉疴"，甚至也能够预判到它们对社会的伤害，偏又要以"正中下怀"的自私态度，去机会主义地投其所好，甚至去为虎作伥地火上浇油：

> 尽管我常常不赞成某些文人的"东施效颦"——他们往往弄得就连脸上的愤怒都必是"舶来"的——然而，一旦涉及整个文明的"创造性根源"，我们却又不能不对外部的话语有所触动与响应，或者说，是不能不去倾听那些作为激发动力的对于大学制度的批判反思，并且由此而对身边的问题发出触类旁通的相应反思。无论如何，决不能再摆出"事不关己，高高挂起"的架势，更不能只是琢磨怎么去钻现有制度的空子，所以它越是千疮百孔地糟透了，就反而越让自己有机可乘、有利可图。[1]

---

1 刘东："序《大学之思》丛书"，巴里·吉尔摩：《抄袭：为何发生？如何预防》，任秀玲译，成都：四川人民出版社，2019 年，第 5—6 页。着重为这次引用所加。

再回到"前期与后期"的本书文脉中来。无论如何，正因为在我们这里普遍出现了"早衰"，而且，这对于只能是"大器晚成"的文科学者来说，又肯定是属于"大为反常"和"极度紊乱"的情况，进而，这更将从"生命周期"的统计学意义上，去阻碍文科学术成果的真正落熟，以致从根上毁坏了文化的造血机制，所以，我们就必须以毫不妥协的精神和坚忍不拔的意志，来坚守住已然是"问题频出"的"生命后期"。由此也就决定了，即使是在这个消费主义的时代，在这个号称已是"解构一切"的时代，我们也必须以相对"超拔"的姿态，来自觉地生活在"两个世界"上，从而在内心中总是念念不忘，毕竟还有一种"高蹈其上"的，更属于"历史世界"的思考逻辑。——只要是抱持住了这样的逻辑，那么，无论在一时间流行着怎样的外行标准，也无论它是要来"催熟"我们，还是要来"催老"我们，我们总还有可能在心底保住几分"静气"，从而据守住人文学者应有的"生命周期"，也据守住自己"唯有一次"的，必须用来"追求真知"的学术生涯。

我在前边写下的文字中，已经表述过了这样的想法："一方面，这个世俗的世界，这种有限的历史，总是会随物赋形、变动不居的，也总是会犯错误、走弯路的，但另一方面，我们的观念世界，我们的理性世界，我们的学术思想，却不光是不会犯错和更加稳固的，而且，它还可以被我们转而利用起来，去修正和理顺那个有限的世界。"而走笔到了这里，就还需要再进行接续的发挥：如果我们坚信，即使哪一个个人的运思，总难免会犯错误、走弯路，甚至会走火入魔地堕入深渊，可我们整个的这门学科，其本身的存在却并不是一场错误，非但如此，整个社会还会正因为这门学科的存在，才有可能去修正那些错误、取直那些弯路，乃至去抵制那种向着黑暗的堕落。——如果能咬定这一点，那么，就不仅为我们这个人文学科，找到了生存和发展下去的理由，也使我们又依托着这个学科，为自己找到了此生的存在价值。

正是在这样的意义上，只要是从知识分子的职责出发，那么，无论我们身处在怎样的社会环境中——它一时间表现为"顺境"还是"逆境"——都绝对不能去"随大溜"和"搭便车"，乃至像个俗称的"社会油子"那样，沾染上了"过度社会化"（over-socialization）的圆滑与狡狯。与此相反，正如我以往曾经指出过的，说到底这个社会最需要我们的，恰恰不是顺势而为和鱼贯而行，而是拿出砥柱中流的、力挽狂澜的勇气来，对于人潮中已然出现的偏颇，持续地给出坚定的"反作用力"：

　　　　到了现在这般田地，我们更能稍微全面一点地看到，在过往的文明进程中，从来就存在两种相互对冲的力量，它们一个在拖拽着历史下沉，另一个却在牵引着历史上升，一个在腐蚀得共同体走向发散，另一个却在凝聚得共同体走向一体，——由此我们的文明才达到了健康的平衡，获得了动态的张力。

由此放眼来看便会发现，其实早从孔子那个时代开始，人们就已在不断地惊呼世风日下、人心不古了，所以，如果不是同样也是从那个时代起，有识之士就不断地挺身而出，来以文明的价值来约束和感化大家，从而范导出了具有道德规范的生活，那么，在任凭下坠的力量来主导历史的情况下，中国人的精神状态早都步步退化成类人猿了！[1]

幸运的是，既然有了前文提出的"两个世界"，或者说是"两个层次"和"两种境界"，就使我们在它"一纵一横"的坐标系下，发现对于"和光同尘"的心理抵抗，至少对自己变得相对容易一些了。——当然，从一个方面来说，即使是从增大"治学可能性"的目的出发，一定程度的世俗意义的"成功"，无论那具体表现为学位、教职、职称，还是表现为发表、出版、荣誉，对于起步阶段的治学都还是重要的，缘此才能进一步争取治学的条件。不过，从另一个方面来说，鉴于这又很可能导致"侯门一入

---

[1]　刘东："价值传统的积极面"，《自由与传统》，北京：北京大学出版社，2015 年，第 65—66 页。

238   前期与后期

深似海",让陷入其中的人无力去"迷途知返",在这里又必须预设出两篇"但书"来。

其一是,仍然不必对于世俗意义上的"成功",拿出势在必得的、锱铢必较的干劲,否则就会下意识地跟从各种指挥棒,而不由自主地随风起舞,到头来反倒把做学问本身,给弄成"可有可无"的"鸡肋"了。正因为这样,大家对于这个层面上的"成功",还是应当如我以前指出过的,逢场作戏地抱持着"也差不多"当然"有了更好"的态度:"人世间现今冒出了越来越多的身外之物,确实值不得较什么真儿,故我们倘非时常对之念叨着'差不多就得'之类的老话,就准会活得'太累',以致身不由己地把自家原来最想完成的事业撇下了、糟蹋了。"[1]——反正你也不是在做什么"生意",就连错过了哪一次"商机",也要夸大成什么"原则问题"。

其二是,你从一开始就必须想定,此后还需要去时时自警:眼下受苦受累、拼死拼活地去争取这些条件,究竟是为了将来能"坐享"这些条件,从而到了下半生能舒舒服服地当个"酒囊饭袋"呢,还是真心需要这些做学问的条件,以便到了下半生做出"足以传世"的学问来?尽管这听起来像是"诛心之论",可是,

---

1 刘东:"'差不多'中的道理:消费主义时代的《劝学篇》",《谓我心忧》,广州:海天出版社,2018年,第2页。

我就是已经见过了太多的人，他们到高等学府里只是为了"谋生"——换言之根本就属于"一场误会"——在心目中并无任何高蹈的层次，或者超拔的境界。而由此一来，他们来到这里的发展空间，从一开始就被预定为局促的，顶多也只能陷入前文讲过的那种尴尬，即所谓"上半辈子卖命，下半辈子卖名"，要是再来提什么高远的志向，由于内心中并未预装这样的动机，他们也就只能"无所措手足"，眼神完全变成空洞的了。

有意思的是，由这种"前半辈子……后半辈子……"的句式，我们还可以不经意地联想起——不管那属于人生的真谛，还是属于人生的无奈——人群中还经常流传着另一句话，即所谓"前半辈子以健康换金钱，后半辈子以金钱换健康"。虽则说，如此浅露平直的大俗话，表现出的境界并不是很高，不过也从另一个角度，说明了在"前期"与"后期"之间，确实是存在一个转折的"中点"。而由此再回顾一下，其实无论孟德斯鸠的例子，还是子安宣邦的例子，也无非都在凸显着这样的一个"中点"。——也就是说，谁能够像他们两人那样，自觉地意识到了这个"中点"，并警觉地把握住了这个"中点"，谁就算是在内心中上紧了发条，足以把它当成人生中的一块"界碑"，当成让生命从这里"走向成熟"的标志。

在本节的刚开始处，我曾经表达过这样的判断，即"成功学者的经历都是相似的，而失败的学者各有各的失败"。而写到这里，作为一个并非"纯属巧合"的佐证，我们还可以再举出本院的导师梁启超，他也是到了自己 46 岁那一年——具体是在一个世纪前的 1918 年——这样描述后半生的规划："自审心思才力，不能两用，涉足政治，势必荒著述，吾自觉欲效忠于国家社会，毋宁以全力尽瘁于著述，为能尽吾天职，故毅然中止政治生涯，非俟著述之愿略酬，决不更为政治活动……"[1]——这当然也显出了一种转折的"中点"。虽说在梁启超任教于清华以后，纯粹是因为一次手术的意外，使他竟然只有了一个"未竟的晚期"，[2] 并没有完全实现自己的学术抱负。不过，这种纯属"偶然"的机械中断，并不妨碍我们从中去体会，怎样在那个"前期"与"后期"之间，去及时地调整生命的船头，这是一个从来如此的、千古如是的命题，而且蕴藏着绝大的"人生智慧"！

而接下来，面对着这样的人生"中点"，也领悟着这样的"人生智慧"，我们又可以利用前边那种句式，也是适应着当今的治学环境，来这样规划自己的学术生涯。——这句话应当被表述为："前半生以治学来换取条件，后半生以条件来抓紧治学"！回想起来，自己也曾以"咏叹之年"的比喻，来表述这种"中点"

---

1 丁文江、赵丰田编:《梁启超年谱长编》，上海：上海人民出版社，1983 年，第868 页。

2 参阅刘东："未竟的晚期:《欧游心影录》之后的梁启超"，《中国学术》第三十辑，北京：商务印书馆，2011 年。

之后的生命"盛年":

> 只有足以发出咏叹的这个年代,才最是我们生命盛
> 开的华年。事实上,就像歌剧中最为辉煌的咏叹调,往
> 往要抒发于剧情成熟的时刻,以往你生命历程中的所有
> 细节,无论是胜是负是成是毁,也无非是在铺垫着这个
> "知天命之年",——此前的你似乎专在等着此时,此后
> 的你也最要记念此时。由此就不妨说,我们这辈子到底
> 有没有白活,关键就在于是否享有过这样的盛年,是否
> 充分利用了这样的盛年,能否在这个挑战生命极限的岁
> 月,唱出过不可一世的咏叹调。[1]

的确,一旦来到了学术生涯的"后期",那么,对于一位真
正的学者而言,心中那杆用来权衡的天平,就更应向着"超拔"
和"立体"的世界倾斜了。他理应去更加抓紧那个"历史世界",
因为昔日那个熙熙攘攘的"名利场",无论如何也过不了多少年,
就终要变成沉淀下来的"功过格"了。在那样的一个世界中,任
何有幸得享过"一次生命"的个人,都有可能成为升腾起来满天
星斗,那中间既包括孔子、孟子和荀子,苏格拉底、柏拉图和

---

1 刘东:"这一年:我的咏叹之年",《道术与天下》,北京:北京大学出版社,2011年,第 v 页。

亚里士多德，也完全有可能包括你自己，以及你的哪位同时代人……——无论如何，你们原本并不比他们缺少什么可能性，所以，如果自己最终并未有显出那样的亮度，从而无法被人们从那片星空中辨识出来，那无非是因为，你被这个扁平世界中的什么妖雾，给团团地遮掩住了，和活活地埋葬掉了！

——只有时时刻刻都心存此念，我们作为人文学科的学者，才有可能去抓紧原本就相当有限的时间，并且尽量去排除毫无意义的外来干扰，以便让自己既心无旁骛、又身心欢悦地，去跟古往今来的伟大心智进行对话，也让自己既更加专注，也更加活跃地，投入到真正具有突破的文化创造中。——也只有时时刻刻都心存此念，我们作为人文学科的学者，才有可能充分开发自己的"后期生涯"，或者说，才有可能充分利用平生的最后一次"创造机会"，从而至少是死也瞑目地尝试一把，看看自己能否走进身后的那个"历史世界"，走进那个自己毕生都在仰望的灿烂而恒久的星空之中……

无论如何，一旦就连生平最后的这个"时机"，也给糊里糊涂地厮混掉了，那么，就连再想说一句"惭愧"也都来不及了。——真的，我们见过了太多的炙手可热的大佬，几乎开什么"场面上"的会议，都少不了听他几句"老生常谈"，只可惜，等到最后那次"追悼会"开完，无论谁再正经地做起学问来，也都很难再想到他的名字了，而几乎直到此时你才恍然大悟，原来他除了那身"皇帝的新装"，以及用来维持名声的细微心机，在学术上竟然是"空空如也"的。——此外，我们也见过了太多的改入仕途的学者，只要本人还能够"一朝权在手"，就总会满耳都充盈阿谀奉承，开什么会都让他"先讲几句"再走，只可惜一到岁数退了下来，就好比突然踩断了脚下的"高跷"，暴露出身量竟只有"这么矮"，而肚皮里边更只有"一穷二白"了……

　　既已说到了"身量"这件事，那么也不得不在这里坦言，当前这种过于浓重的气氛和过于拘束的言路，肯定也是有形无形地抑制了学界的士气，从而明里暗里地限制了学者的"身量"。甚至于，也正是因为这个缘故，我在这里都不便再多说这类的肇因了。可无论如何，如果我们还存有对于"历史世界"的敬畏，那就至少也应当记住康德当年的名言，即"说出来的都得是真话，而真话却不必都说出来"。要不，也可以把康德这个句子再重新转换一下，成为"真话未必都能讲出来，但讲出来的都得是真话。"——最起码的，哪怕把刀架在脖子上，或者哪怕有再多的诱惑，也不能故意去曲学阿世、卖论求荣，就像我在其他著作中所说的，为了适应外部的压力而去"自我驯化"，竟至于从生猛的物种"狼"中间，自动地演化出"狗"这个摇着尾巴的物种来。[1]

1　参阅刘东:《悲剧的文化解析：从古代希腊到现代中国（上卷）》，第三章，上海：上海人民出版社，2017 年。

不难体会的话，康德当年既然讲出了那样的话，就说明他也曾遭遇过同样的麻烦，然而我们却又看到，这种麻烦终究也没有妨碍到他，去以"批判哲学"的创造而升入头顶的星空，甚至成为了那中间最亮的"一等星"。不妨再举一个相应的例子：还是在康德当年的语境下，紧接着康德发言的费希特，也愤世嫉俗和触目惊心地，挖苦过自己所处的糟心时代：

> 我也很明白，一个丧魂落魄、没有神经的时代受不了这种感情和感情的这种表现；它以犹豫忐忑、表示羞愧的喊声，把它自己所不能攀登的一切称为狂想，它带着恐惧的心情，使自己的视线避开一幅只能看到自己麻木不仁和卑陋可耻的画面，一切强有力的和高尚的东西对它产生的影响，就像对完全瘫痪的人的任何触动一样，无动于衷。这一切我都知道，但我也知道我现在在什么地方说话。我对青年人说，他们的年纪已经使他们能防备这种完全的麻木不仁，而我想同时以一种大丈夫的道德学说向他们的灵魂深处灌输一种感情，这种感情直到将来也能使他们防止这种麻木不仁。[1]

1　费希特：《论学者的使命》，梁志学、沈真译，北京：商务印书馆，1980 年，第 41—42 页。

如果不是特别加以说明，恐怕有人还会误以为，这是在当代刚刚写下的吧？可即使如此，费希特也并没有想到要放弃，——不单没有，他反而被扇起了更旺的斗志，由此才会向整个学界来提示"学者的使命"。

　　回想起来，其实早在一百年前，当罗素应本院导师梁启超之邀，到中国进行了较长时间的考察之后，就曾以那种"哲人独有"的高瞻远瞩，同时指出了中国所面对的"机遇"与"危险"：

　　　　我认为，如果给中国人自由，让他们从西方文明中吸收想要的东西，拒绝不好的东西，他们就有能力从自己的传统中获得有机生长，综合中西文明之功，取得辉煌成就。但如果要做到这一点，就要防止两种危险。第一种危险是，中国可能完全西化，变得没有任何特点，变成另外一个虽然懂知识、有工业实力，但焦躁不安、穷兵黩武的国家，让地球多遭一份殃。第二种危险是，在与外国侵略势力抗争的过程中，中国可能心态保守，强烈排外，只注重武装备战。日本就发生了这样的情况，中国可能也会发生。中国文化的未来与政治、经济问题息息相关。受政治、经济问题影响，会出现种种险情。[1]

这不啻又一个"目光如炬"的观察。——我们细细重读一遍就会发现,刚好到了一百年之后,如果上述的两种"潜在风险",还没有彻底"变成现实"的话,也至少是已经变成"现实风险"了!

那么,如果我们能够"起罗素而问之",中国何以变得"更加危险"了,他应当会怎么来回答呢?——幸好,答案原本就写在这段话里,那正是由于没有"从西方文明中吸收想要的东西,拒绝不好的东西",从而未能够"从自己的传统中获得有机生长,综合中西文明之功,取得辉煌成就",由此中国才会"变得没有任何特点"。的确如此,任何处在有机过程中的文明单位,都是最怕丢掉了自家的传统,变得没有任何特点,失去了任何约束,也失去了任何招引,从而彻底退回到了"丛林时代"。如果不是这样,我们这个"无宗教而有道德",并且"无宗教而有快乐"的文明,原本并非纯属书卷的凭空猜想,它原本也自有它独特的教化方法,自有这种"文明图式"的落实手段,而我在本书中着重援引的"史教",则不过是其中的七种教化手段之一,不过即使如此,我们也已经借此看出了它对人心的收束,乃至对文明进

---

1 伯特兰·罗素:《中国问题》,田瑞雪译,北京:中国画报出版社,2019年,第10页。

程的调整与匡正。——正因为这样，就不妨在这里先做个预告，我今后还会再以《儒家之教》为题，来另写一本专著来详细阐发和讨论，所有这"七种"同属于"一个世界"的、最符合"世俗时代"之需的，也是最富于中国韵味的教化方法。

　　尽管在这里还不能详论，不过经由前文也仍然明确了：置身于历史进程的人们，一旦丢掉了应有的历史感，就足以给历史本身酿成大祸。正是有鉴于此，我们眼下才迫在眉睫地需要，尽快去恢复人们应有的历史意识。对于原本就"没有宗教"，如今更来到"世俗年代"（A Secular Age）的中国人来说，并不应当只因为没有"天国"，没有"抵御"，也没有"上帝"，便觉得除了自己孤零零的"自我"，就什么都不可以指望，也不可以相信了。实际上，正如我在前边已经论述过的，你这个"自我"隶属于"晚期智人"，而"智人"这种物种的最大特点，顾名思义又正是开化的"智慧"。所以，其实你从懂事起就明明知道，而且现在也不可能不知道，就算你到了身后"不知道"了，你的孩子，乃至子子孙孙也会知道，你的弟子，乃至弟子的弟子还会知道，你的那些代代相传的读者，乃至学术上的交谈对手更会知道。正因为这样，你眼下最为合理的选择，就仍然是不要活成一个窝囊废，活得自欺其心，从而让后人对你感到失望。对于那部活生生的人类文化史，你理应怀有一种"再活过来"的希望，——也是唯有这样，我们每一个"自我"的持续努力，才会积分为不断增值的"大我"，从而构成了持续向上的、整体人类的攀登阶梯。

　　无论如何，就算我趁这个暑假所写的本书，到头来连一个人也没说服，也总算是更加理清了自己的思路，明确了自己的心志。事实上，重新提出古人所讲的"三不朽"，并不是单纯出于某种自私的欲望，或单纯出自对于死亡与泯灭的惧怕。——正好相反，渴望着去步入那个不朽的"历史世界"，正是带着毕生的真诚与献身的热忱，来投入到那个大写的自我、总体的人类。在这种投入的过程中，我们毫无保留和竭尽所能地，要为这个前后相随的人类进程，留下自己在当下此刻的所思所想。由此，既然我们并不是没有理由去想象，在"自己之前"与"自己之后"的学术史，的确有可能表现得"并不一样"，那么，这也就意味着我们的努力，或许真有可能到了将来，会帮助构成和修正人类的轨迹。这样一来，也就至少并不是没有可能，把本来或许微不足道的"小我"，不仅融入到共时性的人类主体之间，也融入到历时性的人类代际之间。

　　最后我要说，到了一位人文学者的"后期生涯"，这才是生命意识"走向成熟"的关键。唯其如此，我们才能不辜负自己的这次生命，才能做到"人不知而不愠"，才能达成"不欺暗室"和"自在充满"。千万千万不要误以为，反正都已到了"这个岁数"，人生就再没有多大的可能性了。曾子在《论语》中是怎么说的："士不可以不弘毅，任重而道远。仁以为己任，不亦重乎？

死而后已，不亦远乎？"[1]是啊，对于我们"朝闻夕死"而"至死方休"的治学生涯来说，在这个很可能会活得越来越长的"生命后期"，还有相当漫长的一段路程要走呢，——而且，那段路还同样会对我们表现为，既充满了种种继续超拔的机会，也充满了种种继续堕落的风险。

2019 年 9 月 3 日于青岛·海之韵

---

1 《论语·泰伯》，《十三经古注》第九册，北京：中华书局，2014 年，第 1982 页。
着重为引者所加。

文景

Horizon

社 科 新 知 　 文 艺 新 潮

前期与后期：困境中的生命意识

刘东 著

出 品 人：姚映然
责任编辑：薛宇杰
营销编辑：胡珍珍
封扉设计：安克晨

出　　品：北京世纪文景文化传播有限责任公司
　　　　　（北京朝阳区东土城路8号林达大厦A座4A　100013）
出版发行：上海人民出版社
印　　刷：山东临沂新华印刷物流集团有限责任公司
制　　版：北京大观世纪文化传媒有限公司

开 本：820mm×1280mm　1/32
印 张：8　字 数：136,000　插页：2
2020年5月第1版　　2020年5月第1次印刷
定 价：69.00 元
ISBN：978-7-208-16329-4 / B·1459

图书在版编目（CIP）数据

前期与后期：困境中的生命意识 / 刘东著. —上
海：上海人民出版社，2020
（立斋文存）
ISBN 978-7-208-16329-4

Ⅰ. ① 前… Ⅱ. ① 刘… Ⅲ. ① 哲学–研究 Ⅳ. ① B

中国版本图书馆CIP数据核字（2020）第036271号

本书如有印装错误，请致电本社更换　010-52187586